AF562116

DES VRAIS PRINCIPES

DU

SYSTÈME REPRÉSENTATIF,

ET

DE LEUR APPLICATION A LA MONARCHIE FRANÇAISE.

PAR A. LHUILLIER.

PARIS,

ROSA, DELAUNAY, LIBRAIRES, AU PALAIS-ROYAL.

1815.

ERRATA.

Page 9, ligne 17, implorer; *lisez* invoquer.
—— 24, —— 8, des lois; *lisez* de lois.
—— 26, —— 6, (note); arrêter; *lisez* contenir.
—— 59, —— 26, circonscrites; *lisez* circonscripts.
—— 80, —— 12, de institutions; *lisez* des institutions.

AUX VRAIS AMIS

DE LA FRANCE ET DU ROI.

C'EST à vous, hommes étrangers à tout esprit de parti ; à vous qui n'attendez votre bonheur que du bonheur public ; à vous qui détestez le faux et n'estimez que le vrai ; à vous enfin que la haine et la prévention n'aveuglent pas ; c'est à vous, à vous seuls que se recommande ce faible Essai. Quand vous y reconnaîtrez quelque erreur préjudiciable à l'humanité (elle a échappé à mon zèle), hâtez-vous de la dévoiler avant qu'elle ait pu nuire à mes semblables ; mais si vous y découvrez quelque utile vérité, osez vous en saisir et la défendre contre l'attaque de l'égoïsme aidé de l'hypocrisie ; de cet égoïsme trop habile à revêtir les couleurs et à prendre les formes convenables, selon le temps et les circonstances, pour séduire, égarer et jeter la crédule multitude dans un dédale de maux, où bientôt elle entraîne avec elle ses perfides instigateurs, étonnés et confus de n'avoir pu réussir à séparer leurs intérêts des siens.

Que l'homme à passions, que l'homme aveuglé par le préjugé rejette loin de lui cet écrit, il ne lui présentera pas l'aliment fait pour lui plaire. Son auteur n'a jamais fait, il espère ne faire jamais à l'ambition ni à la vanité, le sacrifice de ses sentimens. Il récuse d'avance le jugement de tout sectateur politique, et se confie dans l'équité du citoyen impartial.

AVANT-PROPOS.

Pour arriver à l'égalité politique, consacrer des distinctions entre les hommes, quel paradoxe !

— Oui, paradoxe, mais un paradoxe peut être une vérité. Une idée nouvelle ne rebute qu'un esprit esclave de la routine, et n'a besoin quelquefois que d'être un instant méditée, pour passer en principe. Tous les hommes, dans l'état social ont-ils les mêmes mœurs, les mêmes opinions, et des intérêts de la même nature ? Prétendrait-on ramener à l'uniformité toutes ces différences qui les distinguent ?

Si l'on ne peut éviter que les hommes se rangent d'eux-mêmes en diverses classes, à laquelle appartiendra le droit de dicter des lois aux autres ? Dans laquelle choisira-t-on les législateurs ? Peut-on se flatter de ne confier l'intérêt de l'Etat qu'à des hommes étrangers à tout intérêt spécial ? Espérera-t-on du moins qu'ils fassent volontairement à la chose publique le sacrifice des intérêts de la classe à laquelle ils appartiennent? Pour ne la rencontrer nulle part, fera-t-on consister éternellement la vertu dans le sacrifice volontaire des avantages personnels ?

Prétendra-t-on, d'ailleurs, pour comble de prodige, trouver réunies aux vertus les moins naturelles, les connaissances les plus profondes, et voudrait-on que les hommes appelés à représenter un peuple, sans représenter en particulier aucune des classes qui le composent, soient législateurs consommés avant d'entrer dans le sanctuaire des lois ?

L'intérêt commun d'une société de plusieurs millions d'hommes est-il donc une chose si simple, que les seuls débats d'une assemblée délibérante puissent en donner une connaissance suffisante pour créer de bonnes lois ?

Cet intérêt commun que l'on croit peut-être si facile à connaître, est *la somme de tous les intérêts spéciaux compatibles avec la conservation de la société*. Tel est cet intérêt dont la défense est si importante au salut de l'Etat et à la félicité de chacun des citoyens. Et quel autre moyen de parvenir à la connaissance de tous ces intérêts spéciaux que de consulter chacune des classes auxquelles ils sont utiles ? C'est donc évidemment la classe qui doit être représentée, et non pas le nombre, tel que cela se pratique en France depuis vingt-cinq ans. Chaque classe doit donc avoir ses mandataires ; chacun de ces mêmes mandataires doit être chargé du mandat de ses commettans. Ce mandat doit être spécial et non pas général, ce qui serait d'autant plus absurde à prétendre, qu'alors tous les mandats apportés par les diverses députations, seraient uniformes, l'intérêt général étant un.

Les débats de l'assemblée des députés auront pour objet l'examen de tous les intérêts spéciaux exprimés dans leurs mandats, et la majorité des membres de cette assemblée réglera le sort de chacun des vœux qu'ils sont chargés d'émettre.

L'on voit que, pour obtenir une bonne législature, il ne s'agit que d'y mander exclusivement les représentans des classes de la société ayant intérêt à son salut, et n'ayant conséquemment que des intérêts spéciaux conciliables avec sa conservation. J'observe qu'il faut encore que les classes ayant droit de mandat soient assez nombreuses pour qu'elles puissent se protéger réciproquement contre celle qui essayerait de faire triompher son intérêt spécial au préjudice des autres, et que le nombre des mandataires de chacune doit être proportionnée à son importance dans le système social, et non pas au nombre des individus qui la composent.

J'entends faire une objection : l'intérêt commun est-il donc si compliqué ? Ne se rapporte-t-il pas particulièrement à la quotité de l'impôt ?

— A la quotité de l'impôt, soit ! Mais ne faut-il pas y ajouter la nature de cet impôt ; le mode de perception et de répartition ; le recrutement des armées ; l'examen des traités de paix avantageux à certaines provinces, et plus ou moins préjudiciables aux autres ; les lois et réglemens relatifs à leur exécution, plus ou moins convenables à telle ou telle province, selon les localités et les circonstances ; les lois relatives à l'importation et l'exportation ; l'encouragement de l'industrie qui s'exerce sur des objets différens dans chaque province.... En un mot, cette multitude d'intérêts, dont aucun, conformément aux vrais principes de l'ordre social, ne doit être sacrifié par le législateur qu'autant que le sacrifice en est indispensable à la conservation de la société; de cette multitude d'intérêts dont la variété rend impossible à un monarque, quel que soit son génie, de faire le bonheur et la gloire d'un vaste empire, s'il reste privé de ce flot de lumière qui peut jaillir des seuls débats d'une représentation vraiment nationale.

Ajoutons à toutes ces considérations le besoin de rapprocher l'une de l'autre toutes les classes de la société, pour les concilier, pour opérer, si je puis parler ainsi, la fusion de toutes les opinions particulières en une seule et même opinion, qui soit enfin une opinion publique *manifeste*, et en prête au Gouvernement l'inébranlable appui, sans laquelle il ne peut avoir qu'un mouvement oscillatoire, et une existence précaire.

Telles sont les idées que je vais essayer de développer dans cet écrit : tel est le paradoxe que je vais m'efforcer de transformer en une vérité incontestable : telle est la tâche que j'espère remplir en éloignant de mon esprit tout préjugé contraire aux principes du bien public; en sacrifiant d'avance tout intérêt personnel, en écartant, même, de tous les souvenirs celui qui maîtrise le cœur des hommes d'autant plus impérieusement qu'il flatte davantage leur vanité : en suivant la ligne que trace l'impassible raison au milieu des partis, et que ne doit jamais abandonner tout homme qui veut sincèrement rendre le fruit de ses méditations utile à ses semblables.

SOMMAIRE ANALYTIQUE
DE L'OUVRAGE.

CHAPITRE PREMIER.

Définition de la liberté. — L'état social est naturel à l'homme — et inconciliable avec la liberté naturelle ou absolue. — Les avantages de l'état social s'achètent par le sacrifice d'une portion de la liberté naturelle. — La liberté conservée s'appelle *liberté politique*. — Ses limites — sont fixées par la volonté de la société, — conformément à l'intérêt commun reconnu dans des comices, — où la nature des droits et des devoirs de chacun est déterminée. — La société constituée s'appelle *cité*, ses membres *citoyens*, leur collection *peuple*, et les actes de sa volonté *lois*. — Le peuple est souverain. — Il exerce sa souveraineté par délégation. — L'ensemble des pouvoirs organisé de manière à faire exécuter sa volonté souveraine, s'appelle *gouvernement*. — Le système d'organisation d'une société s'appelle *constitution*. — Les constitutions des sociétés sont différentes les unes des autres.

CHAPITRE II.

Les mœurs, les préjugés et la constitution de la France portent encore l'empreínte des temps de la féodalité. — Origine du système féodal, — dégradé par les rois eux-mêmes. — Son caractère primitif. — Affranchissement des communes. — Institution des parlemens. — Origine de l'impôt, — reconnu par les rois concession libre de leurs sujets. — Ils exercent exclusivement le droit législatif. — Leur pouvoir s'accroît à proportion de la diminution de celui de la noblesse féodale, — et finit avec elle. — Nulle institution ne s'élevait pour le remplacer. — Les Français élèvent les bases d'un nouvel édifice social — au milieu des débris de la féodalité, — et malgré l'opposition de la noblesse. Le principe sur lequel elles sont fondées. — Avantages qui en sont résultés pour le perfectionnement de l'ordre social. — Etat actuel des esprits. — Les Français se classent en cinq ordres principaux, selon le mode de leur existence. — Considération génerale sur la constitution actuelle de la France.

CHAPITRE III.

La méthode que doit suivre le législateur consiste à ne jamais perdre de vue le but de la société. — Ce but est le plus grand bonheur possible. — La concorde est le premier moyen par lequel on puisse l'atteindre. — L'inégalité des fortunes lui est opposée, — et conséquemment préjudiciable à l'ordre social. — Le législateur doit en arrêter les progrès. — Pour y parvenir il doit éclairer le plus grand nombre sur ses vrais intérêts, — et le porter à consentir à des lois tendantes à diminuer l'estime qu'on a pour les richesses superflues. — Digression sur le luxe. — Le loi doit être impartiale et ménager les intérêts de tous. — Le législateur doit chercher à les connaître. — Il y parvient par la voie de la représentation.

CHAPITRE IV.

Définition du mot *représenter*. — Signe caractéristique d'une bonne représentation. — Une représentation nationale est d'autant plus parfaite qu'il se manifeste moins de scission dans les assemblées électorales. — Cette scission étant inévitable, le législateur doit la prévenir. — Digression sur ce que diverses nations ont fait pour obtenir l'application de ce principe. — Inconvénient grave de la confusion des classes dont se compose la société. — Une faction dominante maîtrise les élections. — La représentation est privée de la considération publique — et prépare l'accès au despotisme monarchique, dernier refuge du peuple contre l'anarchie.

— La classification des citoyens est le seul préservatif contre ce danger. — Son application à la constitution de la France — ranimera le zèle patriotique des Français, — et leur donnera des mœurs en régénérant l'esprit public.

CHAPITRE V.

L'ORDRE des propriétaires sera divisé en deux sections, représenté par *trois*. — L'ordre des agriculteurs — n'aura qu'une représentation égale au tiers de celle des propriétaires — L'ordre des commerçans — aura une représentation exprimée par *un*. — L'ordre des doctes. — Considérations sur son importance dans l'ordre social. — Il aura une représentation exprimée par *un*. — L'ordre du clergé. — Considérations particulières sur cet ordre. — Les prêtres ont eu des torts envers les hommes. — Ces torts sont le résultat inévitable de la législation, — qui donne à nos passions une fausse direction, — et fait dégénérer en ambition l'amour de la gloire. — Les prêtres sont ceux qu'il importe le plus d'intéresser au respect pour les lois. — Pour y réussir il faut les y intéresser non seulement comme citoyens, mais encore comme prêtres. — Le moyen le plus facile et le plus efficace est de les distinguer dans l'ordre social, — et de leur conférer le droit de représentation spéciale. — La quantité relative, *un demi*, exprimrra leur représentation.

CHAPITRE VI.

L'Intérêt de tous les départemens qui composent la France doit être défendu avec une égale impartialité. — Qualités exigibles dans un représentant. — Un député ne représente réellement que ses électeurs. — Le droit d'éligibilité doit être illimité. — — Mode d'élection des représentans.

CHAPITRE VII.

Considérations générales. — Moyens d'obtenir une bonne représentation et d'utiles législateurs. — Mode de formation des assemblées électorales. — Leurs attributions. — Election de députés à une assemblée départementale. — Attributions des assemblées départementales. — Articles supplémentaires.

CHAPITRE VIII.

L'Égalité doit être maintenue ou rétablie parmi les hommes. — La confusion des classes ne doit pas être prise pour l'égalité des droits. — L'existence des classes distinctes est le résultat inévitable de tout système social. — Elle fait la force d'une nation contre ses ennemis extérieurs et intérieurs; — mais elle doit s'appuyer sur l'utilité politique. — Elle seule a empêché le despotisme de prendre jamais consistance en France. — Les maux de la révolution ont résulté de son anéantissement, — qui a isolé les citoyens et les a privés de la force d'une opinion publique. — Faire coopérer a la confection des lois les hommes de toutes les conditions et de toutes les opinions, c'est empêcher que nul ne puisse l'emporter sur l'autre. — Considérations sur le despotisme monarchique. — Il affaiblit le prince, l'éloigne de son peuple et le livre aux courtisans. — Considérations sur l'établissement des assemblées de département, — sur les colléges électoraux actuellement existans. — Ils ne peuvent qu'être le théâtre de la plus coupable intrigue. — Il résulte de leur institution qu'il n'y aura jamais qu'une minorité de représentée, — et jamais l'intérêt particulier d'une minorité quelconque ne peut être l'intérêt du prince. — Adaptés à la constitution de l'an 8, ils ne présentaient pas le même inconvénient. — Le système électif est une des créations les plus importantes dont les Français doivent s'occuper, s'ils veulent enfin jouir d'une liberté réelle. — Considérations sur cette question : Les militaires doivent-ils être représentés ? — Ils ne peuvent être considérés comme composant un ordre dans l'Etat.

DES VRAIS

DES VRAIS PRINCIPES

DU

SYSTÈME REPRÉSENTATIF,

ET

DE LEUR APPLICATION A LA MONARCHIE FRANÇAISE.

CHAPITRE PREMIER.

De l'Etat Social ; considérations générales.

AGIR sans contrainte et ne reconnaître à l'exercice de sa volonté d'autre limite que celle de sa propre force, et d'autre règle que le sentiment de l'intérêt personnel, c'est être libre dans le sens absolu de ce mot. *Définition de la liberté.*

La moindre réflexion suffit pour convaincre que la jouissance d'une liberté aussi étendue est incompatible avec l'existence du lien social.

L'état de société est naturel à l'espèce humaine. Un attrait irrésistible porte l'homme *L'état social est naturel à l'homme* à se lier à son semblable par un échange de services mutuels, qui double ses facultés et ses jouissances. Le but de toute société humaine est donc le bonheur des individus qui la composent. L'état social est un des premiers besoins de l'homme, et après celui des alimens, indispensables à sa conservation, il est incontestablement le plus impérieux.

Et inconciliable avec la liberté naturelle ou absolue.

Cet état ne pouvant se concilier avec cette liberté absolue, qu'on nomme (improprement) liberté naturelle, le sacrifice d'une portion de cette liberté est une condition inévitable, et le fruit le plus précieux de ce sacrifice est pour chaque membre de la société l'assurance d'être protégé dans la jouissance de la portion de liberté conservée, dont la perte serait le plus grand des maux après la perte de la vie.

Les avantages de l'état social s'achètent par le sacrifice d'une portion de la liberté naturelle.

La liberté conservée s'appelle liberté politique.

Cette portion de liberté dont la conservation est un des premiers avantages de l'état social, s'appelle liberté politique. Ses seules limites sont celles fixées du consentement des individus qui composent la société; et conformément à leurs intérêts bien calculés, ces limites auront la plus grande étendue compatible avec l'état social.

Ses limites

Avant la formation de la société, les hommes

qui la composent ne reconnaissaient d'autre maître que leur volonté, d'autre guide que leur intérêt personnel; après sa formation, ils ont dû réconnaître la volonté de la société et se laisser guider par l'intérêt de cette société, c'est à-dire par la somme des intérêts combinés des individus qui la composent, et dont chacun a dû sacrifier une portion à la conservation de l'état social.

sont fixées par la volonté de la société,

Pour que l'intérêt général de la société ou l'intérêt public fût connu de chacun de ses membres, ceux-ci ont dû se concerter entre eux. Le premier résultat de ce concert a été de convenir de la somme de liberté à conserver et de celle à sacrifier, c'est-à-dire *de fixer les droits individuels et les devoirs mutuels de chacun des membres de la société.*

conformément à l'intérêt commun reconnu dans des comices,

où la nature des droits et des devoirs de chacun est déterminée.

Les limites des uns et des autres étant posées, la société est constituée; elle prend le nom de *cité*, chacun de ses membres celui de *citoyen*, la collection de ceux-ci la dénomination de *peuple*, et les actes par lesquels il exprime sa volonté celui de *lois*.

La société constituée s'appelle *cité*, ses membres *citoyens*, leur collection *peuple*, et les actes de sa volonté *lois*.

Dans cet état de choses, il n'existe aucun pouvoir supérieur à celui du peuple. Le peuple est souverain relativement à chaque ci-

Le peuple est souverain.

toyen, et l'exercice de sa souveraineté n'a d'autre but que la conservation et le bonheur de la société.

Il exerce la souveraineté par délégation.

Toute souveraineté étant illusoire sans exercice, et le peuple étant essentiellement une masse inerte, il ne peut exercer la sienne qu'en la déléguant à un ou plusieurs citoyens, qu'il charge du soin de la faire exécuter, et auxquels il confie une somme de puissance suffisante pour en obtenir l'exécution.

L'ensemble des pouvoirs, organisé de manière à faire exécuter la volonté souveraine, s'appelle *gouvernement*.

Pour que le dépositaire de la souveraineté pût garantir au peuple, duquel elle émane, l'exécution uniforme et prompte de la loi, il a fallu qu'il subdivisât ses pouvoirs, et qu'il les partageât entre un certain nombre de citoyens préposés par lui, à l'effet d'exécuter les ordres qu'il donne conformément à la volonté souveraine, et de communiquer ainsi l'impulsion de cette volonté jusqu'aux dernières ramifications de l'ordre social au centre duquel il est placé.

L'ensemble des pouvoirs organisés de manière à opérer ce résultat s'appelle *gouvernement*, et les citoyens entre lesquels ces pouvoirs sont distribués se nomment *fonctionnaires publics*.

L'existence d'un gouvernement est le signe caractéristique de toute société politique, et sa seule attribution est l'exécution des lois.

Le système d'organisation d'une société politique, considéré dans ses moindres détails, est ce qu'on appelle la constitution de cette société.

Le système d'organisation d'une société s'appelle *constitution*.

Etant ou devant être le résultat du choix du peuple dirigé par son intérêt bien calculé, et cet intérêt pouvant recevoir mille modifications des circonstances et des localités, il s'en suit que les constitutions des peuples doivent être différentes les unes des autres. L'on doit néanmoins observer qu'elles sont d'autant plus parfaites qu'elles tendent plus directement à garantir l'exécution de la volonté générale.

Les constitutions sont différentes les unes des autres.

CHAPITRE II.

Examen de la Constitution de la France.

Les mœurs, les préjugés et la constitution de la France portent encore l'empreinte des temps de la féodalité.

La constitution d'un état devant se modifier selon les circonstances, les mœurs et même les préjugés du peuple; et ces mêmes mœurs et préjugés conservant une éternelle affinité avec les mœurs et les préjugés des siècles passés, pour bien concevoir à la fois la constitution actuelle de la France, et se faire une opinion sur les lois qui peuvent mieux lui convenir, il n'est pas inutile de jeter un coup d'œil jusque sur l'origine du système constitutif, dont il lui restait quelques légers vestiges et beaucoup de préjugés à l'époque mémorable où elle s'est (exemple unique dans l'histoire des nations!) créé en deux années un nouveau droit public si essentiellement différent de celui qui l'avait précédé.

Origine du système féodal,

Le système des fiefs, monument de la faiblesse des derniers Carlovingiens, s'était consolidé, et pour ainsi dire régularisé sous les premiers rois Capétiens jusqu'à S. Louis. Le règne de ce prince est l'époque de laquelle date la dégradation successive de l'édifice féodal que les rois, peu satisfaits de la faible puissance attachée à la suzeraineté, se sont continuellement efforcé d'amener au dernier degré d'anéantissement, et l'époque mémorable de la révolution de 1789 est celle de l'entier écroulement de cet antique monument de l'ignorance et de l'usurpation.

dégradé par les rois eux-mêmes.

Dans ces temps anciens le peuple n'était rien, les prêtres peu de chose, les nobles étaient tout, et le roi le premier des nobles. Leurs devoirs envers lui étaient bornés à un service personnel, dans le cas où quelque guerre venait à menacer leurs droits ou ceux de la confédération féodale, ou quelques légers subsides, lorsqu'il mariait une de ses filles; devoirs auxquels il faut ajouter une vaine cérémonie, dont le but était de reconnaître la suzeraineté du roi, c'est-à-dire, de reconnaître que les terres qu'on possédait en toute souveraineté relevaient de la couronne, dont on les supposait originairement démembrées (1).

Son caractère primitif.

(1) Sur le faux principe que tous les fiefs avaient

L'accomplissement de tous ces devoirs n'était garanti que par la foi prêtée; et souvent le vassal plus puissant que le suzerain s'en affranchissait impunément.

Tel était S. Louis; tels étaient ses vassaux immédiats jouissant des mêmes droits (souvent également contestés) à l'égard de leurs vassaux respectifs, sur lesquels le roi ou seigneur suzerain du royaume n'avait aucun droit direct à exercer.

Affranchissement des communes.

A cette époque la masse nationale, abrutie par l'ignorance, labourait, récoltait et se battait pour ses maîtres. Quelques villes ou communautés commencèrent à sortir de cet état contraire au but de l'état social, en obtenant de leurs seigneurs, excités par l'avarice et entraînés par l'exemple insidieux des rois, quelques franchises payées à prix d'argent. Un des moyens efficaces que les successeurs de Saint

été dans l'origine des bienfaits du seigneur dont ils relevaient, il parut convenable d'exiger des subsides de ses vassaux, ou du moins de lever une *aide* sur les habitans de leur fief, lorsque le suzerain armait son fils chevalier, mariait sa fille aînée, ou qu'étant prisonnier de guerre, il fallait payer sa rançon. (MABLY, *Obs. sur l'Hist. de France*, liv. IV, chap. II.)

Louis employèrent pour miner la puissance des nobles, fut de s'attribuer insensiblement le pouvoir judiciaire qu'ils exerçaient dans leurs terres comme un des premiers attributs de la souveraineté. C'est à cette adroite politique que les cours de justice, appelées *parlement*, durent leur naissance. Les rois en furent récompensés par les efforts que firent sans cesse ces parlemens pour étendre les prérogatives royales, dans l'espoir d'augmenter l'importance de leurs compagnies.

Institution des parlemens.

Cependant depuis qu'une sorte de puissance publique avait remplacé la première anarchie des fiefs, les rouages du Gouvernement s'étaient compliqués, et le besoin d'argent se faisant sentir aux rois, ce besoin impérieux les ramenait souvent à implorer le secours des vassaux et des communes, auxquels, dans les temps prospères, on commençait à parler en maître. Les nobles et une faible portion du peuple consultés dans ces assemblées, appelées *états-généraux*, obtenaient parfois quelques lois avantageuses au prix d'un subside que les rois reconnaissaient toujours devoir au libre consentement de ceux qu'ils appelaient déjà du nom de sujets.

Origine de l'impôt.

reconnu par les rois concession libre de leurs sujets.

Ils exercent exclusivement le droit législatif.

Les rois exerçaient exclusivement le droit de faire des lois dans ces temps barbares où tous les principes de l'ordre social étaient ignorés, et où l'adresse pouvait seule triompher contre la force ; mais la désobéissance à main armée rappelait souvent l'ancienne puissance seigneuriale humiliée et non encore abattue.

Leur pouvoir s'accroît à proportion de la diminution de celui de la noblesse féodale,

Le pouvoir des rois s'accroissait au milieu des orages ; il s'augmentait de ce que faisait perdre aux nobles la division semée adroitement au milieu d'eux. L'arbre de la féodalité, miné par l'ambition royale et par l'opinion publique, perdait chaque jour quelque branche importante ; séché sur son pied, ébranlé jusque dans ses racines, privé de tout soutien, et laissant dans le champ de notre droit public une vaste place vacante qu'il fallait remplir, le moment ne devait pas se faire attendre long-temps où ce chêne antique écraserait dans sa chute, et l'Etat, et le descendant de ces rois qu'il avait autrefois protégés de son ombre, de ces rois qui, long-temps encore, s'étaient appuyés sur son tronc desséché.

Et finit avec elle.

Ce moment fatal arriva : un quart de siècle s'est écoulé, nous ressentons encore les funestes effets de la secousse occasionnée par sa chute.

Le despotisme toujours croissant des rois de France avait été bien éloigné de remplacer successivement les idées et les coutumes féodales qui entravaient sa marche ambitieuse par des institutions capables de donner aux Français des mœurs constantes. Rien ne s'élevait pour remplacer l'édifice qu'ils démolissaient pièce à pièce. L'état composé de morceaux de rapport que l'anéantissement du système féodal laissait sans union, se disloquait de toutes parts; l'orgueil, l'avarice et l'ambition s'en disputaient les lambeaux.

Nulle institution solide ne s'élevait pour la remplacer.

Au temps de son agonie, les Français se rappelèrent ces Etats-Généraux qu'avait imaginés l'audacieuse ambition du plus astucieux de leurs rois; ces antiques assemblées dont l'usage avoit été établi par la coutume plutôt que par la volonté nationale, et dont les rois de France avaient eu l'adresse de tourner long-temps les résultats à l'avantage de leur puissance; ils invoquèrent ces assemblées que près de deux siècles de désuétude avaient fait oublier à la multitude avide de liberté sans en connaître les limites.

Les Français élèvent les bases d'un nouvel édifice social

au milieu des débris de la féodalité

Espérant ranimer le corps social, un roi vertueux rend à un peuple inconsidéré l'exercice de ses droits trop long-temps ignorés; l'usage immodéré qu'il en fit l'eût tué si les peuples mouraient. Le roi lui-même fut la victime infortunée des déchiremens politiques dont il avait donné, dont il n'avait pu éviter de donner le signal. Tous les Français voulurent être libres; mais bientôt partagés en factions, chacune voulut s'attribuer exclusivement les avantages de la réforme.

et malgré l'opposition de la noblesse et des autres corps privilégiés.

Les nobles, depuis long-temps humiliés par le trône, ne consentirent pas à faire au bien public le sacrifice d'un reste de priviléges nuisibles au rétablissement de l'ordre social. Déchus successivement pendant cinq siècles, un pas leur restait à faire pour rentrer dans la classe du peuple, leur imagination s'est révoltée...... Vaine résistance! leur ordre a dû s'anéantir sous les ruines de l'Etat: vainement ils légueraient à leurs neveux leur haine pour tous les monumens commémoratifs des pertes qu'il ont essuyées; vainement le nom de l'auguste dynastie sous laquelle leur ordre avait conservé, naguère, un reste d'existence, réveillerait en eux un chimérique espoir. Les bases du nouveau système social, élevées dans le sang et les décombres, se sont consolidées. L'édifice construit à la hâte, au milieu du tumulte des passions les plus discordantes, a souvent réclamé les soins de l'architecte; mais ses fondemens sont inébranlables, ils s'appuient sur le grand principe de l'égalité des droits, principe sur lequel seul les peuples peuvent se flatter d'établir solidement l'édifice de leur législation. Ce principe, consacré par le vœu de l'immense majorité des Français, ne peut être renversé par les coups que lui porteront trop long-temps encore l'orgueil et l'ambition aidés de l'ignorance.

Le principe sur lequel elles sont fondées.

Sur cette base inébranlable, de nouveaux législateurs, aidés du temps et de l'expérience, perfectionneront et consolideront l'édifice imparfait de nos lois.

Déjà l'unité remplace dans le système administratif et judiciaire cette bigarrure qui rendait un Français étranger dans son pays sur tout autre point que celui qui l'avait vu naître; l'autorité publique plane également sur toutes les provinces, la marche du gouvernement n'est plus arrêtée par des priviléges et des

Avantages qui en sont résultés pour le perfectionnement de l'ordre social.

préjugés locaux, étrangers et trop souvent opposés à l'intérêt général. Les emplois publics que la faiblesse et l'avarice, ou la prodigalité des gouvernans, avaient rendu le patrimoine de quelques familles, leur ont été arrachés; ils sont remis à la disposition du chef de l'Etat pour être distribués, selon les lois, entre les hommes les plus dignes et les plus capables de le servir. La religion enfin est d'autant plus respectée, qu'il est plus difficile à ses ministres d'influencer à l'avantage de leur ordre les décisions d'un gouvernement institué pour tous.

Etat actuel des esprits.

Aujourd'hui, le caractère national est le fruit de la combinaison des anciennes habitudes, dont le souvenir se perpétue par une sorte de tradition, et des idées nouvelles, dont le germe a été fécondé dans tous les esprits par l'établissement du nouveau droit public.

La population est, relativement à l'esprit public, divisée en deux classes, malheureusement trop distinctes pour devoir échapper à l'observation du législateur : l'une, les membres de l'ancienne noblesse (1) devenus ci-

(1) Qu'aurais-je à dire de la noblesse impériale?

toyens malgré eux, et confondus à jamais par la loi avec l'autre, classe composée de ce nombre infini de citoyens qui se sont parés de ce titre, du moment où le peuple a commencé à peser dans la balance des droits politiques. (1)

Vers les limites qui séparent cette classe de la première, se trouvent encore quelques Français assez simples pour regretter des priviléges dont ils ne jouissaient pas, et assez crédules pour penser que ces priviléges étaient fondés sur la justice, c'est-à-dire l'utilité commune; cette disposition résulte de l'aversion qu'il est si naturel à l'homme d'éprouver pour tout changement subit dans ses habitudes, et

noblesse d'un jour! noblesse sans souvenirs et sans espérances! Privée de tout appui, répugnerait-elle à rentrer dans la classe commune à tous les citoyens, de laquelle à peine elle est sortie, et où la rappelle le bien public? Non sans doute!

(1) Je prie le lecteur de se rappeler la définition que j'ai donnée des mots *citoyen*, *peuple*, *loi*, et j'espère qu'il s'est pénétré des principes établis dans le premier chapitre, où se trouve cette définition : principes dont l'ouvrage entier n'est que la conséquence et le développement.

surtout du souvenir récent des souffrances qu'a causées ce changement, dont peu de personnes sont en état d'apprécier les avantages à leur juste valeur. Cependant cette impression fâcheuse s'efface journellement, et il est hors de doute que déjà l'immense majorité des Français est sincèrement attachée aux nouveaux principes de droit public qui les régissent aujourd'hui; j'entends: l'égalité des droits, la liberté des cultes; le droit de législation par la voie représentative, la division des pouvoirs et la fixité des limites de chacun d'eux. Déjà l'universalité des Français sait qu'elle a des droits, et tient ses yeux attachés sur les lois qu'elle regarde comme la sauve-garde de ces mêmes droits. Déjà l'ancienne frivolité du caractère français, résultant de la versatilité d'un gouvernement qui n'eut long-temps d'autre régulateur que le caprice et l'intrigue, et d'autres principes que ceux de l'avarice et de l'ambition d'hommes accoutumés à regarder les hautes fonctions publiques comme le patrimoine de leurs familles, fait place à l'habitude naissante d'étudier les actes du gouvernement, de suivre ses démarches, et de le contenir ou de le ramener dans la direction indiquée par la nature des nouvelles institutions. L'on peut dire que le Français, chaque jour, se fait des mœurs, si l'on entend par ce mot, l'habitude de conformer sa conduite à des règles puisées dans les principes constitutifs de l'état social.

Les Français se classent en cinq ordres principaux, selon le mode de leur existence.

Sous le rapport de la civilisation, le peuple français doit encore être considéré comme partagé en cinq *ordres* principaux dans chacun desquels les citoyens se classent selon le mode d'existence qu'ils ont dans la société : ces cinq *ordres*, tous dignes de la considération du législateur par leur liaison intime dans le système social dont ils font partie essentiellement intégrante, se distinguent par l'état de simple *propriétaire* et celui de *docte* (1), par les professions d'*agriculteurs* et de *commerçans*, et par les fonctions de *ministre du culte*.

(1) Dans l'ordre des doctes se rangent tous les citoyens dont la capacité reconnue leur a mérité de la part du gouvernement un brevet, à l'aide duquel ils peuvent exercer toutes les fonctions officieuses, telles que celles de médecin, d'avocat, de notaire, etc., et celles relatives à l'enseignement.

Considération générale sur la constitution actuelle de la France.

La constitution actuelle de la France diffère de celle qu'elle avait avant la révolution de 1789 dans ce point essentiel, qu'alors les Français recevaient de la volonté d'un maître, trop souvent influencé par l'égoïsme de quelques familles, la loi qu'ils ne doivent plus recevoir aujourd'hui que de la volonté générale; que nulle corporation dans l'Etat ne peut plus se placer par ambition entre le peuple et son gouvernement, exciter la sédition de l'un, entraver la marche de l'autre; que toute prétention particulière est pesée à la balance des lois, et que l'intrigue ambitieuse ne peut plus que momentanément surprendre la vigilance des Français, jaloux plus que jamais de ces droits dont la jouissance est le plus grand avantage que l'homme ait à recueillir de l'état social.

CHAPITRE III.

Considérations générales sur la Législation.

De l'étude des élémens qui entrent dans la composition d'un peuple, l'on arrive à celle des lois génerales et particulières qui peuvent le mieux convenir à sa complexion. Cependant il est des principes généraux auxquels toute législation doit se conformer pour être bonne et dont la connaissance régularise, éclaire et facilite la marche du législateur. Ce sont les principes qui ont dû présider à la création de toute société entre les hommes, et qui leur indiquent la route à suivre pour parvenir à l'unique but qu'ils aient pu se proposer en formant leur association. Ce but, comme nous l'avons observé, a sans doute été pour chaque homme en particulier de se fortifier du secours de ses semblables contre l'attaque d'un ennemi étranger, et d'augmenter ses jouissances par un échange de services mutuels. Ce but serait manqué si les statuts de la société ne tendaient à prévenir

La méthode que doit suivre le législateur consiste à ne jamais perdre de vue le but de l'état social.

Ce but est le plus grand bonheur possible.

La concorde est le premier moyen par lequel on puisse l'atteindre.

tout état de guerre entre ses membres : l'amitié, la bienveillance réciproque forment le lien sans lequel la société ne peut subsister. L'attention du législateur doit donc entièrement s'attacher à prévenir toute occasion capable d'affaiblir l'une et l'autre.

Il me semble que, conformément à ce principe, le droit de propriété devait être un des premiers sacrifices à faire par les hommes en contractant l'union sociale.

J'ignore si une société, fondée sur le principe de la communauté des biens, peut subsister sans l'admission d'une classe d'ilotes, voués exclusivement au service de cette société; mais, sans discuter inutilement cette question, je crois pouvoir affirmer que la disposition des esprits présente un obstacle insurmontable à l'établissement de cette communauté dans tout Etat dont le droit public a pour base la propriété depuis long-temps établie; mais, conformément à la fin primitive de l'état social, je crois ne pas me tromper en affirmant que le législateur doit avoir pour but principal d'arrêter incessamment le progrès de l'inégalité des fortunes que le droit de propriété entraîne inévitablement après lui.

En effet, n'est-il pas contraire aux fins de la nature qui prescrit à l'homme de chercher le bonheur, que le plus grand nombre des membres de la société soit condamnés à végéter dans la privation des biens qui se sont accumulés sur un petit nombre d'individus? N'est-ce pas éloigner les citoyens les uns des autres au lieu de les rapprocher pour leur utilité réciproque? N'est-ce pas condamner le pauvre à vivre dans la dégradation, dans l'abrutissement et dans l'esclavage même du riche, sans les aumônes duqnel il ne peut bientôt plus subsister? N'est-ce pas en propageant à la fois les vices de l'opulence et ceux de la pauvreté, bannir de la société les vertus si nécessaires à sa conservation? N'est-ce pas préparer l'état de guerrc entre les citoyens, au lieu d'entretenir ent'reux cette union, cette bienveillance mutuelle, sans laquelle ils ne peuvent être heureux? N'est-ce pas au moins rendre une portion de la société indifférente à sa prospérité? De quel droit le riche oisif invoquera-t-il le secours du pauvre contre l'aggresseur, dont le succès ne peut accroître sa misère, et même peut-être la diminuera? Tout citoyen indifférent à la prospérité de

L'inégalité des fortunes lui est opposée.

l'Etat ne lui est-il pas à charge ? Tout citoyen ennemi de la société ne lui est-il pas nuisible? Est-il prudent de laisser vivre son ennemi ? Et les hommes, destinés par la nature à s'aimer et s'aider mutuellement, seront-ils, par les lois elles-mêmes, réduits à s'entr'égorger ?

et conséquemment préjudiciable à l'ordre social.

L'inégalité des fortunes est un monstre qui tend à engloutir la société, et dont il faut, par de sages lois, enchaîner la rage dévoratrice ; il frappe la terre de stérilité, il dépeuple les villes et les campagnes, il propage les vices, étouffe les vertus, il excite la passion de l'avarice qui l'a engendré, il introduit la bassesse et la vénalité, encourage l'orgueil et la vanité, enfante l'esclavage, relâche et détruit enfin les liens de la société dont il est l'ennemi le plus redoutable (1).

(1) Ces vérités sont trop incontestables pour avoir besoin de s'appuyer sur aucun autre témoignage que l'histoire du cœur humain ; mais me refuserais-je à mettre sous les yeux du lecteur quelques phrases d'un écrivain dont on ne peut se lasser d'admirer la sagesse ? « Plus j'y réfléchis, » dit-il dans son ouvrage sur les principes des lois, « et plus je suis convaincu « que l'inégalité des fortunes et des conditions décom- « pose pour ainsi dire l'homme et altère les senti- « mens naturels de son cœur ; parce que des besoins

L'égalité parfaite des fortunes étant, par sa nature, incompatible avec le droit de propriété, mais la jouissance illimitée de ce droit étant presqu'aussi nuisible à l'ordre social que celle de la liberté absolue, les soins du législateur doivent s'appliquer du moins à la restreindre autant que le permettent la complexion et les préjugés des peuples.

Le législateur doit en arrêter les progrès.

La majorité des citoyens étant propriétaires, tient irrévocablement au système de la propriété, qui fait la base du droit public de leur nation. Comme il serait absurde d'attendre des hommes leur consentement à des lois qu'ils croiraient nuisibles à ce qu'ils appellent leur bonheur; porter atteinte à la propriété, serait une entreprise chimérique. Mais si le législateur, consultant toujours l'opinion, observait que les grandes fortuues les plus contraires aux fins de l'ordre social,

Pour y parvenir il doit éclairer le plus grand nombre sur ses vrais intérêts.

« superflus lui donnent alors des désirs inutiles pour « son bonheur véritable, et remplissent son esprit des « préjugés et des erreurs les plus injustes et les plus « absurdes. Je crois que l'égalité, en entretenant la « modestie de nos besoins, conserve dans notre âme « une paix qui s'oppose à la naissance et aux progrès « des passions. »

sont peu nombreuses, relativement aux moyennes ; il me semble qu'en éclairant les moyens riches et les pauvres, sur l'intérêt commun qu'ont ces deux classes à empêcher une aglomération de richesse qui ne peut se faire qu'à leurs dépens ; il me semble, dis-je, qu'il en obtiendrait facilement un concours de voix suffisant à la confection des lois tendantes à enchaîner la passion immodérée des richesses. Il lui suffirait peut-être chez une nation agricole, (mais cette loi qui osera se charger du soin de la proposer ?) d'exclure du droit de représentation les hommes possédant une fortune territoriale, excédant une limite que fixerait sa sagesse. Insensiblement cette limite pourrait se resserrer sans mouvemens convulsifs, et les hommes appréciant le bien que produirait la réduction des fortunes excessives, parviendraient même bientôt à leur donner des bornes que nul ne pourrait plus franchir.

et le porter à consentir à des lois tendantes à diminuer l'estime qu'on a pour les richesses superflues.

Doutera-t-on du succès, quand on pensera que l'exemple seul excite cette soif des richesses qui amène la corruption des mœurs, et qu'une grande fortune ne procure pas même un bien imaginaire à celui qui la possède ? La vanitéseule en fait le prix, et ce prix devient excessif au point que la crainte de la partager ou de la diminuer, arrache l'âme flétrie par l'avarice, à l'attrait des sentimens les plus doux et les plus purs. L'avarice forme les liens du mariage, et en écarte l'amour; elle repousse l'amitié, elle produit la haine, elle éteint le zèle patriotique, et livre la patrie à la dévastation de l'ennemi étranger : elle la livre au premier ambitieux prêt à en payer le prix, et châtie bientôt par la misère et l'asservissement l'insensé qu'elle a perverti.

Les législateurs ont-ils présent à l'imagination le tableau des maux qu'elle fait à l'humanité, quand ils ne portent que des lois tendantes à exciter cette funeste passion? Ne serait-ce pas, par exemple, une loi pernicieuse, une loi éversive des vrais principes de l'ordre social, que celle qui n'attribuerait qu'au riche le droit de représentation? N'exciterait-elle pas au plus haut degré le besoin de s'enrichir? N'avancerait-elle pas avec une effrayante rapidité, la démoralisation des hommes? Ne serait-ce pas enfin le comble de l'injustice, que d'enlever le droit de défendre ses intérêts à une portion si nombreuse de la société, autant et même plus intéressée que celle des grands propriétaires, au maintien de l'ordre social, et même du droit de propriété, de ce droit dont elle tire un avantage d'autant plus précieux, qu'elle en jouit plus modérément ? Quelle est donc la doctrine de ces prétendus publicistes qui osent avancer que les hommes les plus riches sont les premiers que l'intérêt commun doit désigner pour législateurs de leur pays ?

L'on doit ajouter qu'une législature composée de riches exclusivement, ne représenterait que les riches, et que les lois qu'elle porterait, favoriseraient les grands propriétaires, c'est-à-dire, la classe la moins nombreuse de la société au préjudice des petits et des moyens propriétaires, ou de la grande majorité de la nation. (1) Ne serait-ce pas préparer entre ces

(1) Voudrait-on me faire quelque objection au sujet du mot *majorité?* Serait-il vrai que la majorité des Français n'exerce pas en effet le droit de propriété? Je n'ose le penser. De quel nombre d'ennemis me vois-je environné! Quelle est la force capable de les arrêter? Quelle ligue assez puissante entre un faible nombre de propriétaires endormis dans le bonheur, pour repousser l'agression de ce flot d'infortunés qui n'ont rien à perdre? Et la loi ne se hâterait pas de

deux classes, une guerre dont l'éclat serait le signal de la dissolution inévitable du lien social? « Si les législateurs ont voulu faire le « bonheur de la société, c'est encore le sage « Mably qui parle, comment n'ont-il pas eu « l'esprit de soupçonner qu'en rendant le su- « perflu nécessaire, ils dérangeaient l'ordre de « la Providence, et qu'une partie des hommes « ne pourrait plus satisfaire ses véritables « besoins dès que l'autre s'en ferait d'imagi- « naires, quand la société, ajoute-t-il, n'est « plus qu'un amas de citoyens envieux, avides,

venir à mon secours en apaisant leurs besoins, avant qu'un luxe dévorant les ait réduits au désespoir, en leur arrachant les derniers moyens de subsistance!....

Mais ce tableau est exagéré: la majorité des Français, ou du moins la majorité des familles est intéressée au maintien de l'ordre, par la jouissance d'une propriété, trop bornée peut-être, mais enfin d'une propriété, dont elle ne serait pas certaine d'ê re dédommagée si, en favorisant la subversion de l'ordre, elle la perdait pour l'accroître. Les lois seules, des lois sages, lui procureront les moyens d'étendre sans convulsions et sans risque, à l'aide du travail et de l'économie, cette propriété que des enfans actifs et laborieux accroîtront encore, malgré les efforts désormais impuissans de ce luxe resserré bientôt dans de sages limites.

« jaloux et ardens à se nuire, parce qu'ils ne « peuvent se satisfaire qu'aux dépens les uns « des autres, le législateur espérera-t-il y ra« mener l'union, la paix et le bonheur, en « ne faisant que des lois propres à irriter nos « passions? »

Digression sur le luxe.

Combien elles sont erronées, ces déclamations dictées par un fol égoïsme en faveur du luxe! Le riche, il est vrai, semble être le tributaire du pauvre auquel, pour étendre le cercle de ses propres jouissances, il est contraint d'offrir le pain indispensable à la conservation de la vie. Mais pour prolonger ainsi de quelques jours sa pénible existence, le pauvre n'agrave-t-il pas en effet le poids de l'indigence, qui finira par écraser ses enfans auxquels il la lègue en héritage? Alimenter, exciter les désirs voluptueux du riche, n'est-ce pas multiplier en lui les besoins factices, qu'il ne peut satisfaire qu'en transformant en superflu le nécessaire, dont tant de malheureux sont privés? Cet homme courbé contre le sol, qu'il arrose de sa sueur, ne pourrait-il pas, au maître qui la lui paie par un salaire insuffisant au soutien de sa famille, demander compte du produit de ses travaux, s'il pensait que ce produit dût bientôt couvrir les mers, et devenir le prix de tant d'objets inutiles au bonheur, et qui ne servent qu'à enflammer la cupidité, sans même satisfaire l'orgueilleuse vanité, toujours trop caressée par des lois vicieuses?

Quelques peuples ont fait des lois sages. Pourqoui tant d'autres le sont-ils assez peu pour se refuser sans cesse à les imiter? Ces lois somptuaires qui conservent aux fiers Suédois, aux heureux Suisses leurs vertus et leur liberté, ne sont-elles que de vaines déclamations? L'erreur est bien grande, de ceux qui pensent que la stérilité du sol ou la rareté du numéraire soient les seules causes qui aient donné naissance à ces sages réglemens, et qui les maintiennent en vigueur. Le législateur ne doit jamais oublier que les besoins imaginaires entraînent bientôt après eux le dénuement réel; dès que, pour les satisfaire, une nation en paie les futiles objets au prix de l'absolu nécessaire. Dès que ce précieux nécessaire vient à s'écouler, le faste arrive, et l'indigence à sa suite avec tous les vices désorganisateurs de la société.

Quelle est donc la valeur réelle de l'or comparée avec celle du fer, sans lequel la terre refuserait à l'homme social sa pâture indispensable? L'or n'est nécessaire qu'aux nations qui veulent acheter les autres nations. Mais de quel prix est-il pour un peuple robuste, fort du nombre et du patriotisme des citoyens qui le composent, et qui trouve en lui-même toutes les ressources nécessaires à sa prospérité ? Ce peuple ne court-il pas à sa ruine, dès qu'il consent à payer des perles et des dentelles avec du fer et du blé ?

Mais quelqu'important que soit cet objet, il ne doit pas m'écarter plus long-temps du sujet que je traite. Je me hâte d'y revenir.

La loi doit être impartiale et ménager les intérêts de tous.

La loi doit être impartiale ; la loi doit consulter et ménager les intérêts particuliers, mais elle doit les sacrifier dès que le sacrifice en est exigé par l'intérêt public. Cet intérêt public a-t-il d'autre but que la conservation et la prospérité de la société? A-t-il un autre but que l'intérêt bien calculé de chacun de ses membres?

Le législateur doit chercher à les connaître.

Le législateur, pour être impartial, pour être juste, et connaître les intérêts de tous, doit connaître les intérêts de chacun. Il est encore important qu'il convainque les hommes que ses statuts leur sont utiles, et qu'ils soient assurés de recueillir des sacrifices journaliers que ces lois leur imposent le prix le plus élevé possible. Mais comment parvenir à ce but? Comment connaître les intérêts de chacun? Comment consulter plusieurs millions d'hommes?

Il y parvient par la voie de la représentation.

Il s'en présente un moyen le moins imparfait de tous, et par conséquent préférable à tout autre; c'est celui d'une délégation de pouvoirs confiés par le grand nombre à un nombre d'élus fixé par les limites les plus étendues possibles d'une assemblée délibérante; d'une délégation de pouvoirs, à l'effet de discuter et de défendre les intérêts des commettans, conformément au mandat implicite ou explicite qu'ils délivrent à leurs mandataires. C'est ce moyen qu'on appelle *mode représentatif*.

CHAPITRE IV.

Du Mode représentatif.

Définition du mot représenter.

REPRÉSENTER quelqu'un, *c'est faire en son nom ce qu'il veut être fait et ne peut faire lui-même.* De cette définition, il résulte évidemment qu'un representant n'est fidèle aux devoirs de sa charge qu'autant qu'il exécute ponctuellement le mandat qu'il a reçu de son commettant. Il en résulte encore, que si un mandataire est appelé à représenter une collection d'individus, il n'est réellement le représentant de chacun d'eux en particulier, qu'autant que leur voeu est unanime.

Signe caractéristique d'une bonne représentation.

De cette suite de raisonnemens, il est facile de conclure qu'une représentation quelconque n'est parfaite, qu'autant que chacun des mandataires qui la compose, est l'objet du choix, et que son mandat exprime le vœu unanime, des individus qu'il représente.

Une représentation nationale

Conséquemment si de cent individus réunis en assemblée électorale, quatre-vingt-dix seulement s'accordent pour élire le même mandataire, et rédiger le même mandat, ces quatre-vingt-dix seront seuls représentés, et les dix autres ne pourront l'être qu'après avoir fait leur élection particulière, condition indispensable pour qu'ils soient rigoureusement obligés à se conformer au résultat des délibérations de l'assemblée représentative.

est d'autant plus parfaite qu'il se manifeste moins de scission dans les assemblées électorales.

Faisant à la représentation nationale l'application de ce principe, l'on établira comme éternelle vérité qu'elle n'est parfaite, qu'autant que chaque citoyen peut être assuré que ses intérêts y seront défendus par quelqu'un des députés qui la composent.

D'après ce principe incontestable, disons qu'une collection de citoyens composée de classes ou d'ordres séparés par des intérêts, et formant des vœux différens, n'aura qu'une représentation fictive tant que chaque ordre n'aura pas fait son élection et rédigé son mandat particulier.

Cette scission étant inévitable, le législateur doit la prévenir.

Si l'on m'objectait l'impossibilité où se trouve le législateur d'un grand état de faire l'application parfaite de ce précepte, je n'en concluerais pas moins qu'il est de son devoir d'approcher le plus possible d'un but indiqué par la nature même de l'état social, et je demanderais quels efforts il fait pour y parvenir.

Digression sur ce que diverses nations ont fait pour obtenir l'application de ce principe.

Les Français qui pensent avoir beaucoup avancé depuis vingt-cinq ans l'édifice de leur liberté, mais qui, dans le fait, n'ont encore, si je puis m'exprimer ainsi, que déblayé de quelques décombres le terrain sur lequel ils veulent l'établir; les Français, loin de perfectionner, n'ont-ils pas gâté l'une des pièces les plus importantes de cet édifice, lorsqu'ils ont formé la prétention chimérique de confondre vingt-cinq millions d'hommes en une seule classe, de les réduire à une seule volonté, et de leur donner pour tous un seul intérêt à défendre?

Sans consulter les fastes de l'antiquité, nos législateurs avaient à suivre l'exemple de leurs voisins; ils avaient l'exemple même de leur propre nation.

La France n'a-t-elle pas eu sous Charlemagne ses assemblées représentatives? Comment les composa ce grand législateur? De son temps les Locke, les Rousseau, les Mabli, n'avaient point éclairé les approches de la liberté sociale; cependant son génie créateur n'ignorait pas que les lois, pour être justes, doivent être impartiales, et qu'elles ne portent le cachet de l'impartialité qu'autant qu'elles sont le résultat de la combinaison de tous les intérêts particuliers des classes qui composent la population de l'empire. L'état se composait de trois élémens principaux, la noblesse, le clergé, le peuple. Chacun avait *sa représentation spéciale*, et même les représentans du peuple étaient choisis dans deux classes de citoyens. Ce réglement ne semble-t-il pas annoncer que dans un temps où les intérêts des citoyens devaient être bien moins variés qu'ils ne le sont aujourd'hui, son auteur eût déjà regardé comme contraire aux fins de l'état social de confondre tous les hommes du peuple dans une seule cathégorie ?

Les comtés, les bourgs, les villes d'Angleterre, n'ont-ils pas leur représentation particulière. Les Suédois, dont l'histoire est un des monumens les plus précieux à consulter par les amis de la liberté politique, n'ont-ils pas toujours reconnu dans les habitans des villes et dans ceux des campagnes deux classes de citoyens distinguées par des mœurs et des intérêts différens? Les ont-ils confondus dans une seule et même assemblée électorale? La diète de l'empire d'Allemagne n'a-t-elle pas toujours eu ses trois colléges?

Les nobles Polonais, si jaloux de leur liberté, ne reconnaissaient à la vérité dans leurs assemblées qu'un ordre de citoyens ; mais c'est qu'en effet ils s'étaient de tout temps attribué exclusivement le droit de cité, et pensaient n'avoir qu'un intérêt à défendre. Autrement quel principe eût légitimé ce *liberum veto*, que le moindre des gentilshommes pouvait opposer avec un plein succès aux décisions unanimes du reste des législateurs?

Et nous-mêmes si nous remontons seulement au temps de nos états généraux, n'y voyons-nous pas en quelque sorte, dans la personne de ses représentans, la nation partagée en plusieurs classes exerçant chacune le droit d'élection? Ce fut peut-être à cette distinction primitive, indiscrètement abolie par cette assemblée, qu'elle dut la force immense, à l'aide de laquelle seule elle put ruiner à jamais les restes d'un antique édifice social, en arracher les fondemens, et presque aussitôt leur substituer les bases d'un nouvel édifice, que les assemblées suivantes eussent perfectionné, si, pour les composer à son gré,

Inconvénient grave de la conful'esprit de parti ne s'était emparé des élections à l'aide de la confusion de toutes les classes de la société (1).

sion des classes dont se compose la société.

(1) Il me paraît facile de démontrer que si l'universalité des citoyens composant la population française, au lieu d'être confondue dans une seule classe aux assemblées primaires, eût été distribuée en différens ordres marqués par la condition de chacun, tous intéressés au perfectionnement de l'ordre social, et chacun exerçant séparément le droit d'élection, la cabale du parti désorganisateur, exclusivement composée d'intrigans et de cette classe d'hommes appelés la lie du peuple, n'eût pu réussir à porter aux fonctions publiques, et principalement aux fonctions législatives, un nombre de ses adhérens assez considérable pour opprimer la majorité bien pensante.

J'aurai occasion de prouver que c'est moins le nombre des citoyens que leur condition personnelle qui doit servir de base au système électif; et que s'il est utile que les représentans d'une nation votent par tête, il n'est pas moins important que les élections se fassent par *ordre*. Alors le rapport numérique fixé pour la représentation de chacun des ordres, décidera de la bonté de la représentation totale. Peut-être, ajouterai-je, si en 1789 ce rapport eût pu être dès-lors conforme aux principes de notre nouveau droit public, les Français eussent-ils évité la plus grande partie des souffrances qu'a occasionnée la réforme de leur gouvernement.

Une *faction* dominante maîtrise les élections.

Depuis 1789 la nation française ne peut se flatter d'avoir été réellement représentée. Pour se convaincre de cette vérité, il suffit de se rappeler la définition du mot *représentation*, et de reconnaître que par suite des divers modes d'élection, qui ont été adoptés, une faible partie seulement de la population a eu ses mandataires. Cette portion se composa tantôt des hommes d'une faction, tantôt des hommes d'une autre faction; tantôt des pauvres, tantôt des riches; mais les diverses classes de la société ne jouissant d'aucun droit spécial d'élection, nulle ne put se flatter d'être représentée. La faction dominante trouvant les citoyens isolés dans le tourbillon qui le composaient, profita toujours, pour maîtriser les élections, de leur désunion et du sentiment qu'ils avaient de leur propre faiblesse. Ne pouvant attendre son bien-être d'une assemblée où une minorité factieuse avait seule ses mandataires, le peuple ne put lui prêter le soutien de son estime.

La représentation est privée de la considération publique.

Privée de l'apupi de l'opinion publique, chacune de ces diverses assemblées, appelées *nationales*, fut bientôt le jouet de la faction qui l'avait enfantée, et périt des coups qu'elle se portait à elle-même dans le délire des passions les plus tumultueuses et les plus éversives des principes de l'ordre social.

Le peuple ensanglanté par l'effet des contre-coups qu'il ne pouvait éviter, bientôt accablé sous le poids de la tyrannie la plus déréglée n'eut plus de refuge que sous le bras de fer d'un despote qui le tyranniserait encore, si la tyrannie, par un bienfait du ciel, ne portait avec elle le principe de sa destruction.

et prépare l'accès au despotisme monarchique, dernier refuge du peuple contre l'anarchie.

Tel est le but où les Français furent conduits par la confusion de toutes les classes de la société; tel est le but dont ils doivent s'éloigner au plus vite, en prenant, pour arriver à une félicité durable, le sentier indiqué par la nature même de l'institution sociale, en composant leurs assemblées législatives de manière que tous les droits, tous les intérêts divers soient assurés d'y avoir un défenseur.

La classification des citoyens est le seul préservatif contre ce danger.

Dans l'examen des divers élémens qui composent la nation française, j'ai eu occasion d'observer que sa population se divise en cinq grandes classes principales, toutes intéressées au maintien de l'ordre social, basé sur la propriété. Dans ces cinq classes ou ordres se rangent les propriétaires, les agriculteurs, les

Son application à la constitution de la France

commerçans, les doctes et les ministres du culte religieux.

Il est facile de reconnaître que de l'anéantissement d'une seule de ces classes résulterait la subversion du système social. Il est également incontestable que chacun de ces ordres est distingué par des fonctions, des intérêts particuliers, et surtout des mœurs différentes de celles des autres ordres. Tous sont nécessaires à la prospérité de l'Etat dont ils sont partie essentiellement intégrante; chacun doit donc avoir une représentation spéciale, je ne dis pas numériquement proportionnée au nombre des citoyens qui la composent, mais bien à l'étendue de la place qu'il occupe dans la société.

ranimera le zèle patriotique des Français

Lorsque chaque citoyen croira ses intérêts défendus à l'assemblée législative, alors tous les citoyens sans exception seront amis d'un gouvernement qui les protégera; alors, et seulement alors l'assemblée représentative méritera le titre de *nationale*. Tous les intérêts divers, dont se compose l'intérêt général, étant agités et défendus dans le cours des discussions de cette assemblée, chaque parti, chaque collection, chaque ordre de citoyens se convaincra de la nécessité de faire au bien général les acrifices auxquels auront souscrit ses mandataires, et le moindre murmure devient alors un crime justement puni par la déconsidération publique.

et leur donnera des mœurs en régénérant l'esprit public.

CHAPITRE V.

De la division des Citoyens en cinq ordres. — Considérations particulières sur chacun.

La propriété servant de base au droit public des Français, je pense que les propriétaires doivent composer le premier *ordre* de l'Etat; et comme la nation française est essentiellement agricole, je placerai au premier rang les propriétés appelées généralement *foncières* (1).

(1) Ne m'exposé-je pas à recevoir les reproches de cette classe de propriétaires qu'on appelle rentiers? Ces propriétaires doivent sentir que l'espèce de leur propriété n'étant pas une condition essentielle du système politique, on ne peut en faire la marque distinctive d'un ordre, qu'une loi, résultant de la prospérité de l'Etat peut un jour annuler. Au reste, les rentiers et capitalistes trouveront un dédommagement asssuré dans la possibilité qui leur est réservée de figurer dans un des cinq ordres, en s'y aggrégeant par la condition qu'ils sont les maîtres de choisir: et

Reconnaissant qu'il existe et qu'il ne peut cesser d'exister de grandes différences dans l'étendue des propriétés, toujours conséquent aux principes établis dans cet écrit, mais forcé de mettre des bornes étroites au nombre des divisions dans lesquelles il rangera les citoyens, le législateur pourra juger utile de subdiviser cet ordre en deux sections. L'une se composerait des propriétaires payant de cent jusqu'à mille francs inclusivement de contribution directe, et l'autre au-delà de cette dernière somme.

L'ordre des propriétaires sera divisé en deux sections, et représenté par *trois*.

Regardant les fortunes représentées par une contribution excédant de beaucoup ce dernier terme comme des excroissances du corps social ennemies de son bien-être, et contraires aux fins de la société, je ne pense pas qu'il fût de la sagesse du législateur de les distinguer pour leur accorder le droit d'une représentation spéciale; et pour maintenir entre l'une et l'autre de ces deux sections aussi bien qu'entre

j'ajoute que, conformément à l'intérêt public, le législateur doit, autant qu'il est possible, faire en sorte que tous les citoyens se distinguent par une profession utile.

elles et les autres classes de la société, l'équilibre que les riches ont toujours trop de propension à détruire, je croirais devoir ne donner à la section dans laquelle ces derniers sont rangés qu'une représentation égale à la moitié de celle que j'affecterais à l'autre section dans laquelle d'ailleurs se trouve la grande majorité des propriétaires. J'exprimerais la représentation totale de cet ordre par le nombre *trois*.

Peut-être la classe peu nombreuse, mais toujours trop prépondérante, des grands propriétaires, m'accusera-t-elle de partialité; mais je les prie de reconnaître que les lois ne sont justes et utiles qu'autant qu'elles tendent vers le but de l'état social, dont les principes sont puisés dans l'ordre naturel. « Certainement « nos lois seront bonnes, quand elles ne se- « ront, pour ainsi dire, que des rejetons des « lois naturelles; elles tendront alors à pros- « crire quelque vice et à rendre plus familière « la pratique de quelque vertu. Vous verriez « alors les citoyens porter sans chagrin le « joug des lois, ou plutôt les aimer comme « les principes de leur sûreté et de leur « bonheur. »

L'indigence et l'opulence occupent les deux

points extrêmes de l'ordre social dont ils sont ennemis également dangereux. Toute la sollicitude du législateur doit donc s'appliquer à détruire l'une; ce qu'il ne peut faire qu'en resserrant l'autre dans les limites les plus étroites possibles.

D'ailleurs n'existe-t-il pas en France un grand nombre de propriétaires payant une contribution inférieure à cent francs? La crainte de ne les pas trouver assez intéressés à la conservation de l'ordre social est le seul motif qui m'ait décidé à leur demander le sacrifice de leurs droits peut-être plus réels selon les principes de la nature que ceux des riches; et j'espère que cet esprit d'impartialité conciliera les intérêts de la majorité à laquelle les lois doivent particulièrement s'appliquer.

L'ordre des agriculteurs

L'art de l'agriculture ayant pour objet d'élever les propriétés territoriales au plus haut degré de valeur possible, la profession d'agriculteur est la plus digne de la considération du législateur d'un pays agricole. Il est donc naturel, dans ce pays, de donner aux agriculteurs le second rang dans la classification des citoyens.

n'aura qu'une représentation égale au tiers de celle des propriétaires.

Les agriculteurs ont généralement des mœurs, des intérêts, des notions qui les distinguent trop du reste de leurs concitoyens; ils composent en même temps un ordre trop utile à la prospérité de l'état, pour ne pas mériter du législateur une part considérable à la représentation nationale. Cependant plusieurs raisons me porteraient à ne leur attribuer qu'une représentation égale au tiers de celle des propriétaires, 1° leurs intérêts ont, dans beaucoup de points, une analogie marquée avec ceux des propriétaires; 2° la sphère de leurs connaissances n'excède guère les limites de celles nécessaires à leur profession, et relativement au nombre des citoyens rangés dans cet ordre, il ne s'y en trouve que peu de capables de donner des idées utiles, et d'ajouter aux lumières que le législateur ne peut trop chercher à multiplier autour de lui; 3° un grand nombre d'agriculteurs-propriétaires s'aggrégeront de préférence à l'ordre des propriétaires.

Ces motifs réunis me porteraient à restreindre le nombre des agriculteurs ayant droit d'élection spéciale à ceux dont les biens paient au-delà de 500 fr. de contribution, s'ils les tiennent en fermage, et à confondre dans l'ordre des propriétaires, ceux dont les terres leur appartenant en propre, ne paient qu'un impôt inférieur à cette somme.

Cette restriction ne porterait aucun préjudice aux agriculteurs de cette dernière classe, dont les intérêts sont semblables à ceux des autres. Il en résulterait l'avantage de composer les assemblées électorales de cet ordre, des hommes à la fois les plus éclairés, et les plus intéressés à la prospérité de l'Etat.

L'ordre des commerçans

Le commerce ayant la double utilité de fournir au propriétaire-consommateur, les objets nécessaires à sa conservation et à ses jouissances, et de procurer à l'agriculteur le débit de ses denrées, il est juste d'appeler l'ordre des commerçans le premier après les deux précédens, sans lesquels il n'existerait pas.

La sévérité des principes exigerait peut-être que les diverses variétés de commerce fussent distinguées en autant de sections, dont chacune eût sa représentation. Mais, outre que beaucoup de commerçans cultivent à la fois plusieurs branches de commerce, la moindre subdivision de leur ordre devient impraticable dans un pays peuplé de 25 millions d'habitans, dont la représentation ne peut excéder six ou sept cents députés réunis en assemblée délibérante. Le moindre examen suffit pour faire juger à quelle réserve le législateur est condamné dans la classification des citoyens dont il doit peser les intérêts et les droits à la balance de la plus exacte justice.

aura une re-représentation exprimée par *un*.

Considérant le commerce sous le double rapport de son importance dans le système social, et du nombre des citoyens qui en exercent la profession, l'on exprimera par *un* sa représentation, et le choix des commerçans ayant voix élective, sera déterminé par l'importance de ses opérations. (1)

L'ordre des *doctes*.

Vient ensuite l'ordre des *doctes*, cet ordre dont l'attribut présente la réunion du savoir et de la sagesse ; cet ordre auquel appartiennent ces magistrats dont l'auguste fonction consiste à maintenir l'union dans les familles, la concorde entre les amis ; à garantir à l'orphelin l'héritage de ses pères, à la

(1) Il est inutile sans doute d'observer que je comprends dans l'ordre des commerçans tous les hommes exerçant une profession relative au commerce, tels que les manufacturiers, artisans, etc.

veuve la protection des lois, à tout citoyen, la conservation d'une vie innocente, lui qui présente à l'humanité souffrante ces hommes dont l'inappréciable talent sait renouveler les sources de la vie épuisées par la fatigue et la privation, ou par l'abus des plaisirs; cet ordre enfin, dans lequel est concentré le foyer de toutes les lumières propres à éclairer les hommes dans la recherche du bonheur.

Considérations sur son importance dans l'ordre social.

Pourquoi cette classe d'hommes si recommandables, serait-elle moins bien traitée par les Français qu'elle ne l'a été, qu'elle ne l'est encore pour tel peuple qui se vante orgueilleusement d'être libre? Les savans ne sont-ils pas les législateurs nés des peuples policés? La renommée ne s'empresse-t-elle pas de porter leurs pensées de l'une à l'autre extrémité de l'univers? Méconnaîtra-t-on l'influence qu'ils ne cessent, qu'ils ne peuvent (en dépit des trop nombreux ennemis de la vérité), cesser d'exercer sur l'esprit des nations? Le législateur, enfin, peut-il les intéresser trop vivement à la prospérité de l'Etat?

Et ces nombreux magistrats choisis dans cet ordre, ils apporteront incontestablement à l'application des lois un intérêt d'autant plus vif, qu'ils auront eu une plus grande part à leur confection. Le législateur ne craindra pas, sans doute, de les élever à un trop haut degré de considération dans l'esprit des citoyens qui ne doivent voir en eux que les organes incorruptibles de la justice, et qui, trop souvent, ne les regardent que comme les salariés du gouvernement dont les ministres ne sont que trop souvent enclins à transformer en instrument de despotisme, le magistrat dont le premier devoir est de faire respecter la loi.

Il aura une représentation exprimée par *un*.

Cet ordre se recommande assez au législateur par son utilité, par l'éclat des lumières qu'il répand autour de lui, pour obtenir, au nom de l'humanité, au bien de laquelle ses membres consacrent leurs veilles, le droit d'enrichir la législation des fruits multipliés de leur méditation; et quoique leur nombre soit resserré dans des limites étroites, comparativement à celui des citoyens qui composent chacun des ordres précédens; ayant égard à leur importance dans le système social, je n'hésiterais pas à lui donner une représentation exprimée par *un*.

L'ordre du clergé.

Vient enfin l'ordre des ministres du culte.

S'il se trouvait quelque lecteur assez scrupuleux pour me faire un crime de l'avoir placé le dernier dans la hiérarchie sociale, je le prierais d'observer que j'ai pu ne pas considérer les prêtres en théologien, mais seulement en législateur. Sous ce point de vue j'ai dû ne voir en eux que les délégués du peuple, préposés par lui à l'effet de lui enseigner les dogmes de la vraie religion, le guider dans le sentier de la vertu; enfin, lui aider à vivre, et lui apprendre à mourir dans la foi religieuse.

De quelque manière, d'ailleurs, que j'envisage les membres du clergé, je n'ai pu me refuser à les croire destinés par Dieu lui-même, à resserrer tous les liens qui unissent déjà l'homme dans cet état de société pour lequel il l'a créé, et hors duquel leur ordre n'existerait même pas. (1) Aurais-je offensé l'Être-Suprême, en suivant la marche indiquée par lui-même?

(1) Ce que je dis ici du clergé doit s'appliquer à tous les ministres des différens cultes autorisés par la loi. Je préviens le lecteur que, ne pouvant ici traiter des lois de détail qui doivent concerner chacun de ces cultes en particulier, je me borne à établir les prin-

Considérations particulières sur cet ordre.

S'il est juste, s'il est utile de distinguer les membres de la société en propriétaires, agriculteurs, commerçans et magistrats, de leur donner une patrie, et de la leur rendre chère en conférant à chacune de ces classes le droit de coopérer aux lois qui doivent rendre indissolubles les liens qui les unissent, le législateur qui ne doit ignorer aucun des ressorts qui font mouvoir le cœur humain, négligerait-il d'intéresser au bien-être de la société ces ministres du culte devenus nécessaires à la nation qui le professe ?

Les prêtres ont eu des torts envers les hommes.

Quelques censeurs, trop profondément affectés des maux qu'ont pu causer à la société l'avarice et l'ambition des prêtres, plus dociles à la voix de leurs passions qu'aux préceptes de la morale évangélique, se sont efforcés de déverser sur la religion le mépris que ses ministres seuls devaient encourir. La passion entraîne toujours au-delà du but. Leurs déclamations ont peut-être trop réussi à relâcher le seul lien qui puisse attacher

cipes généraux sur lesquels le législateur doit fonder le droit de leurs ministres à une représentation spéciale.

les hommes aux vertus sociales, lorsque les autres viennent à se briser.

Guidés par cet esprit de modération, qui doit être le premier apanage de la philosophie, au lieu de dégrader dans l'esprit des peuples l'institution d'un clergé dont une nation religieuse ne peut se passer, ces rigides censeurs seraient devenus plus indulgens, en reconnaissant que les vices des prêtres comme ceux des autres hommes, n'étaient que le résultat inévitable d'une législation vicieuse, d'une législation tendante éternellement à écarter l'homme du but indiqué par la nature, et vers lequel il est sans cesse forcé de revenir par des chemins tortueux où il lui est trop facile de s'égarer privé du fanal des lois.

Ces torts sont le résultat inévitable de la législation,

Ne demandons point aux hommes des sacrifices qui soient au-delà de leurs facultés. Ne cherchons point inutilement à extraire de notre cœur les qualités dont le germe y a été développé par la main toute puissante de la nature ; efforçons-nous bien plutôt à les rendre utiles au bonheur de la société.

Les vices ne sont souvent que des vertus dégénérées par l'impéritie du législateur. Ne

qui donne à nos passions une fausse direction,

l'oublions pas, le but de l'état social est la félicité que l'homme ne peut se procurer que par un échange de services mutuels, et cet échange ne s'obtient que d'une bienveillance réciproque : de là, le besoin de l'estime de son semblable, de là l'amour de la gloire, qui dégénère bientôt en ambition, dès qu'il ne lui est présenté qu'une amorce empoisonnée.

Les prêtres sont des hommes, ils peuvent devenir vicieux ; mais pourquoi seraient-ils plus vicieux que les autres hommes? La religion, dont la morale est si pure et si favorable au développement des qualités sociales, distinguerait-elle le cœur de ses ministres, pour y vicier celles que la nature y a placées?

Dans ces temps d'ignorance, où les hommes avaient perdu jusqu'aux derniers vestiges des lois naturelles qui seules peuvent les conduire au bonheur social ; dans ces temps malheureux, où l'état social avait dégénéré en état de guerre, où le droit se décidait par la force, où la nécessité contraignait le faible à remplacer par la ruse et l'intrigue, la force qui lui manquait ; pendant les dix derniers siècles, enfin, de la monarchie française, est-il étonnant que les prêtres, pour obtenir cette con-

et fait dégénérer en

sidération si nécessaire à l'homme social, et que d'autres usurpaient par la violence, aient employé tous les moyens moraux que la religion leur avait confiés pour un plus noble usage? Quand nul n'est à sa place, est-ce un crime irrémiscible que de chercher à s'emparer de la meilleure? (1)

ambition
l'amour de
la gloire.

Les ministres du culte se sont écartés sans doute du but de leur institution; mais ils peu-

(1) *Quand nul n'est à sa place....* Je prie le lecteur de faire attention à ce mot; il y verra le résumé de l'histoire de France depuis les derniers Carlovingiens; il y découvrira la cause de cette frivolité qu'on reproche aux Français, et qui fait depuis dix siècles le fond de leur caractère; il s'en aidera pour s'expliquer comment, aujourd'hui même (phénomène inouï, peut-être, dans l'histoire des peuples), il existe encore un grand nombre de Français à l'esprit desquels les mots *citoyen*, *patrie*, *patriotisme*, ne présentent aucun sens, le dirai-je?.... présentent même un sens odieux ou ridicule. Placés d'abord au-dessus de l'Etat, restés ensuite en dehors de l'Etat, quel intérêt peuvent-ils lui porter tant qu'une habitude traditionnelle tient leurs regards attachés sur une institution dont l'éloignement leur cache le vice, et ne leur laisse entrevoir qu'un éclat trompeur? Effet déplorable de l'inégalité des droits!

vent y revenir, et c'est au législateur à les y ramener et les y fixer, en leur garantissant l'estime et la vénération de leurs concitoyens, pour prix de leur constante sollicitude à les pénétrer des éternels principes de l'ordre social.

Les prêtres sont ceux qu'il importe le plus d'intéresser au respect pour les lois.

S'il existait une classe de la société que le législateur dût négliger d'intéresser à la conservation de ses statuts, ce ne serait assurément pas celle des ministres du culte. Toute considération de justice mise à part, elle a trop de moyens d'être utile et trop de moyens de nuire par l'influence qu'elle exerce sur les consciences, pour qu'il soit sage de mettre ses intérêts aux prises avec ses devoirs. Que dis-je, devoirs! tout devoir suppose un sacrifice, et nul sacrifice ne doit être demandé, si préalablement, on n'en offre le prix. Si le législateur ne voit dans le prêtre qu'un citoyen, et qu'il ne lui offre à ce titre, que sa part des avantages que la société confère aux citoyens des autres

Pour y réussir il faut les y intéresser non seulement comme citoyens, mais encore comme prêtres.

classes, de quel droit exigera-t-il qu'en qualité de ministre du culte, il fasse au maintien de ses lois, le sacrifice des avantages qu'il pourrait espérer de l'établissement d'un ordre de chose différent? Ce législateur serait-il assez insensé pour exiger le même sacrifice des autres ordres de l'Etat? et s'il l'exigeait, comment l'obtiendrait-il ?

Craindrait-on que le prix que les ministres du culte ont droit d'attendre de leur coopération au maintien des lois, excédât celui que la société peut leur offrir ? Dès que l'ambition aura repris son caractère primitif d'amour de la gloire, et qu'on lui présentera pour appât, l'estime et la considération publique justement méritées, il n'est rien que les qualités sociales dont la nature a doué le cœur de l'homme, ne le porte à faire pour l'obtenir.

Mais qu'on fasse attention à cette vérité : la société ne se compose pas seulement d'individus, elle se compose encore de collections d'individus groupés par la nature de leurs mœurs et de leurs intérêts ? Qu'on observe encore qu'il est de la nature de l'homme social de préférer à toute considération personnelle, la part de la considération dont jouit l'ordre auquel il appartient, et l'on en conclura que le plus grand tort qu'on puisse faire à un citoyen, est de le priver de l'avantage de faire partie d'un des ordres de l'Etat. De cette conclusion, l'on arrivera sans peine à cette

Le moyen le plus facile et le plus

efficace est de les distinguer dans l'ordre social,

autre : qu'un des véhicules les plus capables de porter les hommes à honorer leur profession par une conduite estimée de leurs concitoyens, consiste à conférer à cette profession, l'avantage d'occuper un poste distingué dans l'ordre social.

Si l'intérêt de la société ne l'ordonnait impérieusement, le sentiment de l'humanité qui doit animer au plus haut degré le cœur du législateur, lui en ferait un devoir sacré.

Quels hommes, mieux que les ministres du culte, peuvent apprécier les misères humaines? L'homme protégé par la fortune empressée de devancer ses moindres désirs, ose-t-il pénétrer jusque dans la cabane à peine couverte de chaume ? Compte-t-il les gémissemens du malheureux accablé sous le poids des fatigues, glacé par l'âge, le froid et la maladie? Le législateur ne bénira-t-il pas son heureuse inspiration le jour où, secondant sa sage philantropie, le prêtre introduit par ses soins à la représentation nationale, lui demandera une loi tendante à soulager les maux de l'humanité, à arrêter les progrès de l'indigence, à rapprocher la distance effrayante qu'une législation vicieuse a laissé contre le vœu de la nature, s'établir entre l'infortuné privé du nécessaire, et le riche surchargé de superflu?

Hésiterait-on encore à accorder aux ministres du culte le droit de représentation spéciale? Conserverait-on encore la crainte frivole qu'un ordre de citoyens appelés à coopérer à la confection des lois dont résultera son bien être, ne refusât son appui à l'Etat qui le lui paie par la jouissance d'un droit d'une aussi haute importance? Quel vain espoir le porterait encore à invoquer le rétablissement du despotisme si contraire aux fins de l'ordre social, aux vues de la nature, aux intentions de Dieu même, qui n'a pu créer l'homme que pour le rendre heureux; d'un despotisme qui, désormais n'aurait rien à leur offrir en équivalant de ce qu'ils perdraient à la ruine de la liberté de leur pays?

et de leur conférer le droit de représentation spéciale.

Les ministres du culte auront une représentation spéciale, et il suffira d'en exercer les fonctions pour obtenir le droit d'élection. Il ne s'agit plus que de déterminer le rapport numérique de cette représentation à celle de chacun des autres ordres.

Considérant les limites étroites dans lesquelles sont circonscrites, et le nombre des

La quantité relative *un demi*, exprimera leur représentation. ministres du culte et l'étendue de leurs fonctions, je pense que leur représentation sera dans de justes proportions, si elle est exprimée par *un demi*, nombre dont on restera très-peu éloigné en la fixant à un député par diocèse.

CHAPITRE VI.

L'établissement d'une représentation départementale est nécessaire pour obtenir une bonne représentation nationale.

L'intérêt de tous les départemens qui composent la France doit être défendu avec une égale impartialité.

LA jouissance de la liberté politique consiste à n'être point obligé par les lois à sacrifier à la société une dose de liberté naturelle plus considérable que ne l'exige la conservation de l'ordre social.

L'établissement de la société n'ayant pas pour but le bonheur d'une portion seulement de ses membres, mais bien le bonheur de tous, reparti sur chacun le plus impartialement possible, l'on conçoit facilement que dès que la balance des sacrifices vient à pencher, l'ordre social est interverti puisque dès lors contre la fin de la société, une portion de citoyens se trouve favorisée au préjudice des autres.

Ce principe, applicable à chaque citoyen en particulier, l'est également à chaque collection de citoyens considérés relativement aux autres collections. Il doit donc s'appliquer à chacune des portions de la population comprise dans les différentes divisions du territoire national, et dont l'ensemble forme la nation.

Appliquant ce principe à la nation française, on jugera que ses lois seraient contraires à la fin de la liberté publique, et partant opposées à la fin de la société, si l'intérêt de quelqu'un des départemens qui composent la France, était sacrifié à l'avantage des autres départemens. Elles seraient donc vicieuses, et tendraient à intervertir l'ordre social.

Une représentation nationale doit avoir pour but de prévenir la partialité qui pourrait se glisser dans les lois tant à l'égard des citoyens respectivement qu'à l'égard des diverses collections dont se compose la population d'un pays.

Qualités exigibles dans un représentant.

Une représentation n'atteint donc la fin de son institution qu'autant que ses membres joignent à la parfaite connaissance des intérêts et des voeux de leurs commettans l'inébranlable résolution de n'abandonner de ces mêmes intérêts qui leur sont confiés, que la portion dont ils jugent dans leur âme et conscience, le sacrifice nécessaire au plus grand avantage de la société.

Un député ne représente réellement que ses électeurs.

Il est donc de toute fausseté de prétendre (comme le principe en a été établi, par extension sans doute, dans nos précédentes assemblées nationales) que les membres de ces assemblées représentent la France entière. La réunion des députés, qui les composent représente sans doute la France entière; mais chacun d'eux ne représente en effet que le département qui l'envoie, et dans chaque département, la collection des citoyens qui l'ont élu.

Il est incontestable que la connaissance des vœux de ses commettans est la première condition exigible dans un représentant; mais elle n'est pas l'unique. Il faut y ajouter celle qui, seule, peut rendre la première utile : la capacité morale et physique nécessaire pour obtenir un succès conforme aux intérêts de tous.

Si les intérêts de chacun des départemens de la France étaient parfaitement semblables, vingt législateurs (et même un moins grand nombre) suffiraient pour la représenter utilement en les supposant choisis parmi les plus probes et les plus éclairés des citoyens. Mais c'est la diversité même des intérêts et des mœurs de chacun de ces départemens et de chacun des ordres de citoyens qui composent la population qui nécessite une représentation nombreuse.

S'il était prouvé qu'il n'existe pas en France pour chaque ordre deux assemblées électorales dont les intérêts fussent semblables, il est évident que celle dont le mandataire serait le moins capable ou le moins intègre, ou tous les deux ensemble, serait nécessairement sacrifiée aux autres dont les intérêts seraient mieux défendus. L'on en concluera que chaque assemblée électorale doit apporter à ses choix une attention d'autant plus scrupuleuse, qu'elle croit ses intérêts partagés par un moins grand nombre d'autres collections exerçant le droit d'élection.

Chaque ordre de la société partage sans doute avec les autres un seul et même intérêt commun ; mais il n'en est pas moins vrai que cet intérêt commun est susceptible de recevoir cent modifications des circonstances et des localités. Chaque assemblée électorale, ignorant jusqu'à quel point cet intérêt se diversifie, doit sentir combien il lui importe de ne pas se reposer sur les autres du soin de faire les meilleures élections possibles (1).

Le droit d'éligibilité doit être illimité.

Si cette considération est juste, toute loi tendante à limiter le droit d'éligibilité est contraire aux fins même de l'institution représentative; il ne peut être d'aucune utilité aux électeurs, trop intéressés à faire de bons choix, pour avoir besoin d'autre guide que le sentiment de l'intérêt personnel.

Mais si les lumières, le talent, la probité sont les attributs distinctifs exigibles dans un représentant, pourquoi tous les soins du lé-

(1) Cette observation répond à l'opinion erronée d'un grand nombre de Français qui pensent que dans nos assemblées nationales il suffit de douze hommes à talent pour représenter utilement leur nation. Ce petit nombre d'hommes (que je veux supposer intègres), peut-il en effet réunir la connaissance complette de cette multitude d'intérêts et de vœux particuliers qui doivent se combiner dans la confection d'une loi imparfaite, applicable à une nation aussi populeuse que la France? Comment se trouve-t-il aujourd'hui des hommes assez simples pour croire que, pour faire de bonnes lois, il suffit d'être *honnête homme* et d'aimer le prince?

gislateur ne s'appliqueraient-ils pas à rechercher les moyens d'en faciliter aux électeurs la découverte importante? Et quel moyen plus efficace que l'épreuve !

Mode d'élection des représentans.

Un ami zélé de cette belle France porterait-il trop haut ses prétentions, s'il demandait que dans chaque département il existât une assemblée de représentans élus dans chaque arrondissement par les cinq ordres de citoyens, et chargés de rédiger les demandes qu'elle croirait devoir faire pour l'avantage des communes qui le composent, et de discuter, de combiner, de concilier tous les intérêts spéciaux dans des mandats dont cette assemblée chargerait les députés qu'elle élirait parmi les citoyens qui, par leurs qualités éprouvées, se seraient rendus le plus dignes de l'éclatante fonction de législateur ?

L'exécution du plan que je propose ne produirait elle pas l'effet inappréciable d'éclairer le prince sur tous les besoins de l'État, sur les dispositions de l'esprit public, sur la conduite des agens de son gouvernement, sur les abus à la naissance desquels des lois nouvelles ont si peu de force à opposer ? Ne produirait-elle pas l'effet inappréciable de créer les talens, de les appeler sous l'escorte de la probité, de les réunir dans le sanctuaire des lois, et d'en bannir cette vile intrigue qu'enfanta le démon des factions pour la ruine des sociétés?

CHAPITRE VII.

Du mode de formation des Assemblées départementales, et de leurs principales attributions.

Considérations générales.

LORSQUE les Français seront rapprochés de leur assemblée nationale par l'intermédiaire de leurs assemblées de département ; quand ils pourront faire connaître à leurs législateurs l'étendue de leurs besoins; quand ils pourront leur proposer des projets de loi dont l'utilité locale sera constatée; quand par la voie de ces assemblées ils exerceront sur tous les points de l'Etat une surveillance active sur les agens de la puissance publique; quand enfin les Français, par une assemblée composée de députés de toutes les classes de citoyens, une assemblée où se confondront tous les intérêts, toutes les opinions, auront remplacé cette représentation fictive composée d'hommes choisis au hasard, et le plus souvent désignés par l'esprit de faction parmi les moins probes, ou les plus ignorans des principes éternels du système social ; alors, et seulement alors ils auront une patrie ; alors ayant pour base la félicité publique, et pour appui le patriotisme des Français, le trône sera vraiment inébranlable ; alors enfin la France prospérera.... si toutefois, hélas ! la France peut espérer désormais de prospérer encore.

Indiquons ici les moyens qui pourraient être les plus convenables pour parvenir à la composition des assemblées représentatives départementale et législative ; faisons en même temps quelques observations générales sur les attributions de l'assemblée de département.

Moyens d'obtenir une bonne représentation et d'utiles législateurs.

Il me paraît nécessaire de tenir à l'administration de chaque chef-lieu de *canton* quatre registres destinés à l'inscription des noms de tous les citoyens laïques domiciliés dans ce canton. Un de ces registres sera affecté à chaque ordre. Nul ne pourra exercer le droit de séance aux assemblées électorales du département s'il n'y est domicilié et muni d'un certificat d'inscription sur l'un de ces registres.

Les assemblées électorales se formeront à des époques fixées par la loi, et conformément au réglement suivant.

Mode de formation des assemblées électorales.

PROJET DE RÈGLEMENT relatif à la formation des Assemblées électorales, et à leurs attributions.

ART. 1er. L'ordre des propriétaires étant composé de deux sections, savoir : les citoyens dont les biens-fonds paient une contribution de cent jusqu'à mille francs inclusivement, et ceux dont la contribution excède cette dernière somme ; et le nombre de ceux-ci étant dans beaucoup de cantons trop faible pour qu'ils doivent exercer le droit d'élection, leur assemblée électorale se tiendra au chef-lieu de l'arrondissement pour tous les cantons qui le composent.

Art. 2. Les propriétaires de l'autre section s'assembleront au chef-lieu de leur canton respectif.

Art. 3. L'article précédent s'appliquera également à l'ordre du clergé et à celui des agriculteurs.

Art. 4. La grande majorité de l'ordre des commerçans étant domiciliée dans les villes, les assemblées électorales de cet ordre auront leur siége au chef-lieu de chaque arrondissement.

Art. 5. Par le même motif l'article précédent s'appliquera également à l'ordre des doctes.

Art. 6. Les assemblées constituées provisoirement se réduiront par la voie du sort à un nombre qui sera fixé par la loi.

Art. 7. Pour éviter qu'une famille ait plusieurs de ses membres exerçant le droit d'élection au préjudice d'autres familles, le chef de chaque famille en étant d'ailleurs le représentant naturel, la réduction s'opérera d'abord sur les célibataires, en commençant par les moins âgés.

Art. 8. Chaque assemblée ainsi réduite, et définitivement constituée, s'occupera à délibérer sur ses besoins particuliers, c'est-à-dire sur les intérêts communs des membres qui la composent. Elle rédigera en forme de mandats spéciaux le procès-verbal de ses délibérations. Leurs attributions.

Art. 9. Ce travail achevé, elle s'occupera de l'élection de ses députés à l'assemblée départementale, auxquels elle remettra son mandat. Election de députés à une assemblée départementale.

Cette opération terminera sa session, dont la loi devra d'avance fixer la durée. Le nombre total des députés pourra s'élever à cinquante par arrondissement, et se partagera entre les différens ordres dans les rapports établis au chapitre précédent.

Nota. Peut-être serait-il convenable d'accorder aux arrondissemens dont le chef-lieu est une ville d'un ordre supérieur une représentation double ou triple, mais toujours formée dans les mêmes proportions relativement à chaque ordre.

Projet de Réglement relatif aux Assemblées départementales.

Attributions des assemblées départementales.

Art. 1er. Dès que l'assemblée des députés d'arrondissement, réunie au chef-lieu du département, sera constituée, elle commencera ses travaux, qui consisteront, 1°. dans l'examen des mandats apportés par chaque députation, et dans les délibérations relatives, tant aux demandes qu'ils contiendront, qu'à celles que les membres de l'assemblée jugeront utiles de faire ultérieurement; 2°. dans l'élection des députés à l'assemblée législative.

Art. 2. Les résultats des délibérations de l'assemblée départementale seront rédigés en forme de mandats, dont seront chargés ses députés à la représentation législative. Ces mandats ne seront pas impératifs non plus que ceux des assemblées électorales.

Art. 3. Les députés de chaque département à l'assemblée législative seront élus par chaque ordre, ayant son bureau particulier, dans les nombres suivans :

Ord. des propr. de 100f. à 1000f.	2	3	TOTAL pour les ordres laïques, six.
de 1000f. et au-delà	1		
Agriculteurs.		1	
Commerçans.		1	
Doctes.		1	

Art. 4. Le nombre des députés de l'ordre du clergé étant inférieur à un par département, d'après les bases établies ci-dessus, l'élection en sera faite par une assemblée expresse du clergé de chaque diocèse.

Art. 5. Il sera accordé une représentation double et triple aux arrondissemens ayant pour chef-lieu une ville dont la population excède cinquante et cent mille âmes.

Articles supplémentaires.

Il me paraît utile de proposer les articles supplémentaires suivans :

1°. Les assemblées départementales se réuniront de droit une fois chaque année, à une époque qui sera fixée par la loi.

2°. Le terme des pouvoirs de leurs membres sera également fixé par une loi, et, dans aucun cas, il ne pourra excéder celui des pouvoirs des députés à l'assemblée nationale.

3°. Ces assemblées ne pourront être dissoutes partiellement.

Elles n'exercent aucune fonction législative. Leur travail n'est que préparatoire des lois.

4°. Dans le cas où la session de l'assemblée départementale aurait lieu pendant celle de l'assemblée législative, le seul mode de correspondance entre ces deux assemblées consistera dans la communication des procès-verbaux de delibération, et cette communication sera faite par chacun des ordres ou bureaux laïques composant cette assemblée à son (ou ses) député respectif, et par le bureau du clergé au député du diocèse ou du consistoire duquel relève le chef-lieu du département.

5°. Ces députés ne seront pas tenus de donner connaissance de leur mandats à la chambre législative, et ne s'y conformeront qu'autant qu'ils le jugeront convenable.

6°. Le chef de l'autorité administrative du département aura voix consultative à l'assemblée du département, et cette assemblée pourra requérir de lui, mais non pas exiger les informations qu'elle désirera obtenir.

7°. Les assemblées départementales pourront être convoquées extraordinairement par le préfet en vertu d'ordres supérieurs, et dans ce cas la session, qui résultera de cette convocation, ne pourra se prolonger au-delà du terme prescrit par l'autorité.

8°. Ces assemblées compteront également au nombre de leurs attributions le droit de statuer sur les demandes en contributions pour frais extraordinaires d'arrondissement et de département.

9°. Elles ne pourront en aucun cas accorder au trésor public aucune somme à quelque titre que ce soit. En un mot, ces assemblées seront entièrement soumises aux lois existantes dont elles peuvent proposer l'abrogation ou la modification, mais auxquelles elles ne pourront déroger sous aucun prétexte que ce puisse être. L'autorité administrative exercera sur leur conduite la surveillance la plus exacte pour en rendre compte à l'autorité suprême dans le cas où cette conduite excéderait les limites de leurs attributions légales.

Etant très-éloigné de songer au moindre changement dans les bases du système constitutionnel de la France, je m'interdis toute observation à l'égard des attributions de la représentation législative.

Je ne doute pas que le plan d'exécution qui fait l'objet de ce chapitre ne soit très-imparfait et n'exige des modifications importantes. Une œuvre aussi compliquée ne peut être le fruit des méditations rapides d'un seul homme. En le soumettant à la critique du législateur éclairé, j'ai moins eu la ridicule prétention de lui marquer la route la plus directe que de me convaincre moi-même de la possibilité de parvenir au but. Mais j'ose espérer que les erreurs qui m'auraient échappé pourront être profitables en suggérant quelque idée utile.

CHAPITRE VIII.

Considérations particulières sur les idées développées dans cet écrit.

L'égalité doit être maintenue ou établie parmi les hommes.

« Toute société », écoutons encore ce Mably dont la sagesse n'est jamais assez consultée par nos législateurs; « toute société qui « n'est pas parvenue au plus haut degré de « perfection, c'est-à-dire, qui n'a pas encore « établi la plus parfaite égalité entre les ci- « toyens, ou du moins entre leurs différentes « classes, éprouve nécessairement mille agi- « tations qui troublent l'harmonie de ses par- « ties, et doit tôt ou tard être la victime de « son administration. Si dans cette situation « fâcheuse la république n'est pas instruite de « ce qui lui manque, ajoute-t-il, si les citoyens « ignorent ce qu'ils doivent désirer, n'en dou- « tez pas, on se conduira au hasard, les vices « de l'État deviendront de jour en jour plus « considérables, et causeront enfin sa ruine. « Rappelez-vous, poursuit-il, ce que tant de

« peuples anciens et modernes ont éprouvé « dans de telles circonstances. Les citoyens « se sont servis du gouvernement pour avan- « cer leur fortune particulière ; et tandis que « les lois perdaient insensiblement de leur au- « torité, les magistrats abusaient de leur pou- « voir, et la république est devenue la proie « du despotisme ou de l'anarchie. »

Quel esprit à demi-clairvoyant n'entrevoit dans ce peu de mots l'origine et le développement de la révolution française commencée en 1789 ? Le renversement de l'État était devenu inévitable par le défaut d'harmonie entre ses parties constitutives et par les vices de son administration. Dans cette situation fâcheuse, les citoyens, incertains sur les vœux qu'ils devaient former, ont été ballotés entre le despotisme et l'anarchie, état d'anxiété dont aujourd'hui même ils ne prévoient pas encore le terme.

La confusion des classes ne doit pas être prise pour l'égalité des droits.

Cependant dès l'origine de cette fatale révolution la majorité des Français, éclairés des lumières de la raison, ont fixé leurs vues sur un but dont ils ne se sont jamais volontairement écartés depuis qu'ils parvinrent à l'atteindre. Ce but est l'égalité des droits. Mais ce but même ne l'ont-ils pas manqué en allant au-delà, en confondant en une seule toutes ces classes de la société, qui sont le résultat inévitable du système de la propriété? Rompre les liens qui unissent les hommes selon la loi des rapports sociaux, rapprocher les élémens les plus contraires, confondre enfin tous les citoyens dans une seule cathégorie, n'était-ce pas les livrer sans force à l'avarice et à l'ambition des tyrans que produit en foule la subversion de l'ordre social?

L'existence de classes distinctes est le résultat inévitable de tout système social, et doit être respectée par le législateur.

Rappelons-nous que le but de toute société est le bonheur des hommes qui la composent; que ce bonheur ne peut résulter que d'un échange de services mutuels; observons en outre que la propriété donne aux hommes des intérêts divers, desquels résultent les diverses sortes d'affinités qui les attirent les uns vers les autres; et concluons-en que la classification des citoyens est antérieure aux actes du législateur. Toute loi tendante à l'anéantir est donc contraire aux voeux de la nature et subversive de l'ordre social.

Il est probable que les hommes à talent qui abondaient à l'assemblée constituante connaissaient cette vérité, et qu'ils en eussent fait l'application, s'il leur avait été possible, dans le conflit tumultueux des passions les plus discordantes, de réunir tous les élémens, et d'élever l'édifice complet d'une constitution sage.

Ce qu'ils n'ont pas fait, ce qu'ils n'ont pu faire, leurs successeurs pourront l'exécuter. Sachons reconnaître des soins qui leur ont coûté si cher; ils ont détruit les obstacles; ils ont consacré les principes long-temps oubliés, sur lesquels seuls les hommes peuvent se flatter d'établir de institutions utiles et durables. Evitons leurs erreurs, faisons aussi bien qu'eux et mieux que leurs successeurs.

Elle fait la force d'une nation contre ses ennemis intérieurs et extérieurs;

N'oublions pas qu'une nation ne peut trouver de force contre ses ennemis intérieurs et extérieurs que dans l'union des citoyens qui la composent, et que cette union ne peut être durable, qu'autant qu'ils ont été rapprochés les uns des autres par le sentiment des convenances toujours déterminées par l'intérêt personnel. Pour éviter d'affaiblir ce lien important, pour le resserrer autant qu'il est possible, le législateur, loin de chercher à confondre l'universalité des citoyens en un seul corps homogène, se contentera d'observer les diverses agrégations dont se compose le corps social. Il respectera celles dont l'intérêt particulier se lie d'une manière intime à l'intérêt de la société, et cimentera leur union réciproque par des lois impartiales. S'il en existait au contraire dont les préjugés, dont l'intérêt mal calculé fût en opposition avec les liens de l'ordre social, que tous ses soins tendent à leur dissolution et à faire rentrer dans l'ordre des citoyens les individus qui les composent. S'il n'en existe pas, que tous ses statuts tendent soigneusement à les empêcher de naître. Les espèces parasites sont ennemies de l'arbre dont elles dévorent la substance.

mais elle doit s'appuyer sur l'utilité publique.

Je crois m'être approché de ce but en proposant de classer les Français en cinq ordres, ou plutôt de donner à chacune des classes déjà existantes la faculté de défendre à l'assemblée législative les intérêts qui la distinguent des autres classes et de les concilier avec l'intérêt commun de la société.

Quelle force pourrait désunir les diverses parties du système social unies par le lien le plus solide, celui de l'intérêt personnel, par le sentiment de l'utilité réciproque des citoyens considérés collectivement et individuellement ?

Elle seule a empêché le despotisme de prendre jamais consistance en France.

Qu'on observe que le despotisme des rois ou de leurs ministres n'a jamais pu prendre de consistance en France. Quel obstacle a pu s'y opposer dans un pays où le prince a depuis long-temps réuni dans ses mains tous les pouvoirs qui constituent la puissance publique? Où reconnaître cet obstacle ailleurs que dans l'existence des diverses agrégations sociales dont se composait le corps de la nation ? La France avait un clergé; elle avait une noblesse qui conservait le souvenir de sa grandeur passée et de ses priviléges particuliers; elle avait partout des parlemens, et quelques-unes de ses provinces se gouvernaient encore par des états. On n'étrangle pas tout cela, sans doute, comme on étrangle un vizir ou un bacha qu'on a tirés de la poussière ?

L'existence des priviléges de ces divers corps était sans doute contraire aux maximes d'une politique raisonnable. Mais le sage Mably qui ne pensait pas que d'un souffle on pût les faire rentrer dans le néant, était bien loin de recommander de les détruire, pour ne leur substituer aucune institution plus conforme aux principes du droit naturel.

Après avoir dissous tous les liens qui unissaient les Français entre eux, on leur a dit : assemblez-vous, faites vos lois. Mais quels moyens leur a-t-on donné de faire de bonnes lois, de faire des lois impartiales ? Quels moyens de faire entendre leurs vœux, et de faire connaître cette multitude d'intérêts particuliers de la combinaison desquels se forme l'intérêt public ? Quel moyen de fermer à l'esprit de parti tout accès à l'assemblée des législateurs, et de l'empêcher d'élever l'échafaudage de la plus horrible tyrannie ?

Les maux de la révolution ont résulté de son anéantissement,

Ce moyen se serait trouvé dans l'opinion publique, si l'opinion publique n'eût pas été confinée dans l'âme de chaque citoyen trop faible dans son isolement, pour oser lui donner l'essor. Il se serait trouvé dans l'existence d'agrégations sociales; il se serait trouvé dans l'établissement d'un mode électif et représentatif qui eût assuré à ces agrégations la faculté de faire entendre leur voix, de se rapprocher, de s'unir, de marcher vers un même but, le bien public; de diriger enfin ses re-

qui a isolé les citoyens et les a privés de la force d'une opinion publique.

présentans par la force de cette même opinion, qui doit veiller sans cesse dans le sanctuaire des lois, y suivre l'orateur jusqu'à la tribune, et étouffer ses accens, dès qu'il vient à prostituer son talent à la tyrannie.

Peut-être dans un temps où l'amourde l'égalité était une passion aveugle, eût-il été difficile de faire porter une loi tendante à consacrer des distinctions entre les citoyens. L'horreur de l'inégalité portée à son comble, par les efforts toujours renaissans que faisaient en sa faveur, ceux qui croyaient ne pouvoir pas vivre sans elle, a dû produire la confusion : mais aujourd'hui que l'expérience et le malheur ont dû rendre les Français plus sages, craindraient-ils encore que la dissemblance des conditions entraînât l'inégalité des droits? N'est-ce pas même en appelant à la législature les hommes de toutes les conditions et de toutes les opinions, que l'on peut empêcher que l'une ne s'attribue des prérogatives nuisibles aux intérêts de l'autre? N'est-ce pas alors, et seulement alors, qu'elles peuvent se balancer réciproquement? (1) Si quelqu'ora-

Faire coopérer à la confection des lois les hommes de toutes les conditions et de toutes les opinions, c'est empêcher que nul ne puisse l'emporter sur l'autre.

(1) La solution de cet important problème résul-

teur, trop habile, parvenait à obtenir en faveur de ses commettans, quelqu'avantage préjudiciable aux intérêts de tous, son ordre pourrait-il se flatter de le conserver longtemps ? Les autres ordres ne seraient-ils pas toujours prêts à s'unir pour le lui arracher ?

D'ailleurs, quel intérêt les commerçans ont-ils de nuire aux propriétaires, ceux-ci aux agriculteurs, ces derniers aux savans ou bien aux ministres du culte qu'ils professent ? L'existence de chacune de ces classes est essentiellement nécessaire à la conservation des autres; les rapprocher, c'est établir à jamais entre elles les rapports de cette bienveillance mutuelle qui est une des premières fins de l'état de société.

Considérations sur le despotisme monarchique.

Je sais, d'avance, toutes les objections qu'auront à me faire les fauteurs du despotisme. Il en existe encore ! Mais que répondre à des hommes dont toute la doctrine politique consiste à charger un de leurs semblables d'un fardeau dont le poids excède toutes

tera du rapport que le législateur aura établi entre le nombre des députés affectés à chaque collection représentée.

les limites de la force humaine ? Il n'existe aujourd'hui que des lieux communs à opposer à leurs principes surannés, et je ferais des efforts superflus pour persuader des hommes convaincus d'avance de la justesse des principes que de célèbres publicistes ont développés plus éloquemment que je ne pourrais le faire, et dont je ne fais ici que proposer l'application. Quel écrivain n'épuiserait pas vainement toutes les ressources de son talent à convertir des hommes que le calcul erroné de l'égoïsme pousse éternellement, et contre le vœu de leur conscience, à s'élever au-dessus de la société qui les protège, et à saper, pour parvenir à leur but, les principes sur lesquels seuls repose l'ordre social ? Ces athlètes du pouvoir arbitraire ne paraissent ennemis si implacables de la raison, que parce qu'elle combat victorieusement leur passion dominante, parce qu'elle enseigne à ceux qui l'écoutent, qu'élever le prince au-dessus des lois, c'est s'y placer soi-même pour s'y soutenir.

Mais quel est bientôt le sort du prince inconsidéré qui ose se fier à leur jactance non moins présomptueuse qu'intéressée ?

Quelle est donc la force de ce prince accablé sous le faix du pouvoir absolu ? Elle ne consiste que dans le bonheur du peuple, mais quel monarque peut à lui seul assurer le bonheur de plusieurs millions d'hommes? Ou dans ses janissaires ; mais ces mêmes janissaires qui étayent leur despote, ne sont-ils pas ses maîtres? Que pourraient-ils, d'ailleurs, dans un pays où l'on n'est pas de longue main façonné à leur joug ? Pense-t-on que ce pays n'a d'autre force que celle d'action? Oublie-t-on la force d'inertie ? On a judicieusement observé qu'un état est plus ou moins avancé dans le despotisme suivant que les esprits osent plus ou moins penser par eux-mêmes. Les maximes du gouvernement *russe* peuvent-elles s'appliquer aux Français?

Il affaiblit le prince, l'éloigne de son peuple et le livre aux courtisans.

Princes et législateurs, tenez-vous en garde contre ces conseillers timides, « qui ne con-
« naissant ni l'homme, ni la société, ne voyent
« la paix et l'ordre, que là où ils voyent un
« calme stupide. Si vous les croyez, jamais
« le magistrat ne sera assez puissant, jamais le
« peuple ne sera assez accablé et assez soumis.
« Leur politique enseigne la tyrannie, et au

« lieu de gouverner par les lois, ils veulent « étonner par des coups d'état. Défiez-vous « de ces espèces de romanciers qui, pour in- « téresser et attacher leurs lecteurs, se plai- « sent à jeter l'alarme dans leur esprit. Ne « vous laissez jamais effrayer par ces pein- « tures puériles. Les débats ordinaires dans « les gouvernemens mixtes, loin de les ébran- « ler, en affermissent la constitution. Ils prou- « vent la liberté d'un Etat, et si je puis parler « ainsi, la force de son tempérament. Un calme « profond est au contraire l'avant-coureur de « sa décadence. C'est la preuve que les mœurs « se corrompent, que la patrie, la liberté et « le bien public ne sont plus des objets assez « intéressans pour remuer les esprits, et que « les citoyens sont enchaînés par la crainte « ou vendus à la faveur et à l'avarice. » Telles sont les sublimes leçons qu'un homme célèbre adressait à un jeune prince docile à la voix de la philosophie.

Considérations sur l'établissement des assemblées de département,

Un des avantages que le prince recueillerait de l'établissement des assemblées départementales, dont le bienveillant Louis XVI semble avoir, le premier de son auguste dynastie, formé le plan sur le modèle des états de province, serait de connaître les hommes, et de distinguer parmi eux, ceux que leurs talens et leurs opinions rendent propres à exercer utilement les diverses fonctions de la magistrature. Un avantage plus éminent encore, serait de suivre pas à pas les dispositions de l'esprit public à l'aide des débats de ces assemblées. Il connaîtrait également les besoins de tous les citoyens, et ne serait pas réduit pour rendre son peuple heureux à se livrer aux conseils perfides de courtisans intéressés à le plonger dans l'erreur; il ne serait pas réduit à démêler péniblement la vérité dans les délibérations d'une chambre législative, dont les membres par fois, peut-être, ne représenteront qu'une minorité factieuse, ou seront vendus à l'intrigue d'un ministère incapable.

Mais ces immenses avantages, le prince peut-il jamais se les promettre d'élections faites conformément au mode adapté à la constitution de l'an VIII? L'on sait, par expérience, avec quelle facilité l'esprit de parti s'empare des colléges électoraux composés dans toutes les villes, du moyen ordre de propriétaires, de fermiers, de marchands, et d'un petit nombre de fonctionnaires publics.

sur les colléges électoraux actuellement existans.

Ils ne peuvent qu'être le théâtre de la plus coupable intrigue.

L'on sait qu'en France, une portion considérable des propriétés de quelqu'importance, est entre les mains des nobles, dont un grand nombre, par conséquent, doit entrer dans la composition des colléges, où ils se trouvent en contact avec leurs fermiers, leurs marchands, et même avec un certain nombre de magistrats, sur l'esprit desquels ils exercent une influence inévitable par l'effet de leurs relations journalières.

Tous ces électeurs sont connus d'avance, et pour donner plus de facilité à la cabale, la liste de leurs noms est imprimée dans un grand nombre d'*annuaires.*

Dans chaque ville, les maisons des électeurs sont assaillies par l'intrigue, et jusque dans les hôtelleries, où descendent les électeurs étrangers, ceux-ci sont assurés de recevoir à leur arrivée la liste, quelquefois même, imprimée des citoyens auxquels *on est décidé* de confier les destinées de l'état.

Les élections préparées ainsi d'avance, à quoi servirait-il d'admettre un vote isolé, contraire au vœu de la *toute-puissante* cabale?

Dans quelques grandes villes seulement, et surtout, dans les villes commerçantes, les électeurs peuvent recevoir une direction différente, mais elles n'en seront pas plus exemptes de l'intrigue.

De cette exposition éloignée de toute exagération, il résulte que, par une suite inévitable du système électif en vigueur aujourd'hui, la majorité de l'assemblée représentative sera composée des mandataires de la classe la moins nombreuse de la société, pour peu que cette classe veuille employer ses moyens.

Il résulte de leur institution qu'il n'y aura jamais qu'une minorité de représentée;

Fût-il vrai qu'une telle législature partageât les intérêts du prince, elle partagerait dès lors les intérêts de la nation. Mais ne serait-on pas trop exigeant, si l'on prétendait que l'une des classes quelconque de la société eût les mêmes goûts, les mêmes besoins à satisfaire, les mêmes prétentions à faire valoir; les mêmes mœurs, les mêmes habitudes à défendre, les mêmes opinions ou les mêmes préjugés à faire prévaloir; en un mot, qu'elle fût excitée par la même passion qui anime chacune des autres classes? Et si cette classe se croit des intérêts à défendre, distincts, opposés, peut-être, à ceux de l'immense majorité de la nation, prétendre que ses mandataires remplissent le mandat explicite ou implicite

et jamais l'intérêt particulier d'une minorité quelconque ne peut être l'intérêt du prince.

qu'ils en ont reçu, ne serait-ce pas exiger d'eux une infidélité? Ne serait-ce pas attendre le salut de l'Etat de l'aberration de l'un des principes les plus sacrés qui servent de base au système représentatif? Ne serait-ce pas, si je puis m'exprimer ainsi, vicier la vertu pour la rendre utile? Qu'est-ce que le législateur attend des hommes, quand elle leur enseigne, pour le plus grand bien de la société, l'art de trahir leurs engagemens les plus sacrés envers leurs concitoyens?

En vain, l'on m'objecterait que le député représente l'Etat avant les électeurs. J'ai déjà démontré le contraire. Il ne connaît que le vœu de ses mandataires; il ignore les vœux du peuple; ceux-ci ne peuvent se manifester que par les votes de l'assemblée nationale, et c'est le résultat de ces votes qui décidera, qui seul, doit décider du succès des demandes de l'une des députations quelconques. Chacun est strictement engagé à défendre son mandat, la majorité prononce au nom de la nation.

Il résulte de cette suite de raisonnemens, que les élections les moins imparfaites que les Français doivent attendre de leurs colléges électoraux seront le fruit du hasard ou de l'indifférence. Il est à remarquer que leur institution n'est qu'une pièce de rapport mal appliquée à un nouveau système constitutionnel. Adaptée à la constitution de l'an VIII, elle n'entraînait pas à beaucoup près des suites aussi fâcheuses, les colléges n'élisaient que des candidats dans le choix desquels les sénateurs pouvaient déjouer les intrigues superflues des départemens.

Adaptés à la constitution de l'an 8, ils ne présentaient pas les mêmes inconvéniens.

Ajoutons une circonstance très-importante : les candidats devenus membres *du Corps-Législatif*, ne pouvaient pas être considérés comme représentans : la représentation nationale se partageait entre eux, les sénateurs, les tribuns et les consuls, ou plutôt il n'existait aucune représentation nationale, et ces magistrats qu'on affublait du titre pompeux de législateurs, n'avaient qu'une très-faible part à l'acte législatif.

Toutes ces vérités ont été reconnues par Louis XVIII : une vaste lacune est restée à remplir dans la charte constitutionnelle par l'établissement d'un nouveau mode électif, et jusqu'à ce que ce mode soit déterminé, l'on ne peut trop recommander à la méditation

Le système électif est une des créations les plus importantes dont les Français doivent s'occuper, s'ils veulent enfin jouir d'une liberté réelle.

des Français éclairés, un objet d'une aussi haute importance, une création de laquelle seule, il est permis d'atteindre le complément et la consolidation des institutions politiques.

Considérations sur cette question : Doivent-ils être représentés?

Je soumettrai encore au législateur une question digne de son attention : serait-il bon d'ajouter aux cinq ordres, dans lesquels se classent les citoyens, un sixième ordre en faveur des militaires ?

Je crois avoir vu cette question résolue affirmativement, et cet avis m'a paru soutenu par quelques bonnes raisons. Cependant je ne vois pas que cette institution soit applicable au système politique de la France.

Ils ne peuvent être considérés comme composant un ordre dans l'Etat.

Les Français ne reconnaissent en effet aucun ordre de militaires, et la consistance de leur armée est précaire. Le mode d'organisation de leur force armée n'est pas plus invariablement établi par la loi fondamentale que le nombre des soldats qui doivent la composer. Quelles pourraient être leurs assemblées électorales, et à quel grade serait spécialement attribué le droit d'élection au préjudice des autres grades ? L'armée, d'ailleurs, ne pourrait obtenir aucune part aux délibérations des assemblées de département. Elle me paraît ne devoir être considérée que comme *une portion du peuple mobilisée temporairement par lui-même, à l'effet de défendre ses droits contre les ennemis intérieurs et extérieurs*, et dès que le soldat a rempli sa mission, il rentre dans ses foyers, où il reprend concurremment, avec ses concitoyens, l'exercice de ses droits politiques.

Puisse chacune des classes de la société, jouir également de la faculté d'acquitter sa dette envers la patrie ! Puissent les hommes oublier leurs haines et leurs dissensions, fruit de l'ignorance et de l'aveuglement, et se rapprocher à la voix de la nature, qui leur prescrit la bienveillance mutuelle, comme la première condition du bonheur social! Puissent-ils à jamais renoncer entre eux à toute distinction qui, n'étant pas fondée sur l'utilité publique, devient dès lors une source intarissable de jalousies et de divisions funestes! Puissent les Français ne se rappeler le souvenir du passé que pour se préparer un meilleur avenir, et se rapprocher pour n'être plus que les enfans d'une même famille! Puissent enfin mes compatriotes auxquels j'adresse cet écrit, y puiser quelques lumières qui les guident dans la recherche des moyens de dissiper à jamais les maux dont gémit depuis trop long-temps cette belle et malheureuse France.

FIN.

A. EGRON, IMPRIMEUR,
rue des Noyers, n° 37.

www.ingramcontent.com/pod-product-compliance
Lightning Source LLC
LaVergne TN
LVHW020335230826
846091LV00003B/878

9782012396173